Ancora Cantando

Biase Michele Costantini

Diritto d'autore © 2022, Biase Michele Costantini

Tutti i diritti riservati.

Ad eccezione di brevi estratti a scopo di revisione, nessuna parte di questo libro può essere riprodotta o utilizzata in qualsiasi forma senza il permesso scritto dell'editore.

ISBN: 978-0-6451823-3-0
BIOGRAFIA E AUTOBIOGRAFIA/Culturale, etnica e regionale/Generale

Ancora Cantando é la storia di un migrante, da un vecchio paese a un nuovo mondo. Un racconto inframmezzato da traumi, avventura, speranza, amore e, soprattutto, ispirazione.

Biase (Michele) Costantini ha iniziato la sua vita nel bellissimo paese di Ari, nella regione abruzzese dell'Italia centrale. Il suo stile di vita idilliaco e giovane fu sconvolto dalla morte della sua giovane madre e poi dall'assalto della seconda guerra mondiale. Dopo la guerra, il destino ha portato Mike ad immigrare in Australia, dove ha colto con gratitudine ogni opportunità, lavorando duramente per costruirsi una nuova vita. Ha incontrato la moglie australiana Betty e insieme hanno messo su famiglia nella loro campagna a nord di Brisbane. Dalla festa Italiana della sua infanzia alla scrittura delle sue canzoni e alla registrazione di un CD in Australia quando aveva 93 anni, Mike ha sempre amato la musica. Ha scritto la sua biografia, 'Ancora Cantando', quando aveva 94 anni.

Cantare a uno dei matrimoni dei miei nipoti

La mia famiglia è tutto per me, quindi questo libro è per la mia famiglia.

INDICE

INTRODUZIONE	1
PROLOGO - IL MIO BACKGROUND FAMILIARE	4
LA GUERRA CHE HA CAMBIATO TUTTO	20
I MIEI PRIMI GIORNI	22
L'ITALIA ENTRA LA GUERRA	34
RICOSTRUIRE LE NOSTRE VITE DOPO LA GUERRA	63
DIVENTARE UN UOMO	81
DIVENTARE NAZIONALIZZATI E COSTRUIRE LA CAMPAGNA	133
LA VITA FAMILIARE	156
IL FINALE (DEL MIO LIBRO - NON IO!)	165
LE MIE CANZONI	167

INTRODUZIONE

CHI SONO - MICHELE

Ho fatto molte cose nella mia vita, ma la maggior parte del mio tempo è stata vivendo e lavorando nelle campagne, prima in Italia e poi in Australia. quello 'È stata principalmente una scelta e sono molto felice di stare fuori al sole, coltivare e allevare piante e alberi sani, in grado di raccogliere frutta fresca direttamente dalla natura.

A titolo di presentazione, sono venuto dall'Italia in Australia nel 1952 e ho qui la mia famiglia, compresa mia moglie Betty che adoro dopo 64 anni di matrimonio. I nostri momenti migliori sono quando siamo con la nostra famiglia di cinque figli: Tony, Linda, Peter, Diana e Len, i nostri dieci nipoti e un numero crescente di pronipoti, tutti a noi molto cari.

È pure un grande dono avere una famiglia anche in Italia, Argentina, Nord America e Sydney, Australia. Siamo sempre un'unica famiglia, legati dalla nostra storia, nonostante la distanza.

E 'è un paradiso qui nella nostra campagna di quattro ettari, a Narangba, vicino Bribane, Australia. Mi sento fortunato ad andare nel mio giardino ogni giorno al mattino e al pomeriggio. Oggi ho appena inserito sei post e alcuni tralicci per il mio frutto della passione. Sono incredibilmente dolci quest'anno!

Al momento della stesura del mio libro, ho 94 anni e vivo con mia moglie Betty nella nostra campagna. Lavoro fuori tutti i giorni in giardino, mi godo il cibo sano e un bicchiere di vino. Fino a poco tempo, ho fatto il mio vino usando i vecchi metodi dall'Italia. Canto ancora tutti i giorni, nel mio studio, sotto la doccia e in giardino.

Chiunque mi conosca, sa che mi piace condividere le mie storie, che è l'argomento di questo libro.

Ho scritto la mia storia nella mia lingua madre italiana ei miei figli mi hanno aiutato a tradurre il mio libro dall'italiano all'inglese. Hanno studiato e incluso alcuni dei fatti storici che circondano la mia vita 's esperienze.

Il mio libro è un ricordo della mia vita 's esperienze, anche come migrante's viaggio, essendo nato in Italia e vissuto la maggior parte della mia vita in Australia.

Sta a me tornare indietro e ricordare così potrei condividere il mio viaggio con la mia famiglia, così che possano capire la nostra eredità. È per gli amici che ho incontrato lungo la strada e per chiunque sia interessato alla mia storia.

Ricorda la mia infanzia, crescendo nella bellissima città di Ari, in provincia di Chieti, nella regione abruzzese del centro Italia. Si muove attraverso i tempi più bui dell'Europa e della seconda guerra mondiale e gli eventi brutali che hanno cambiato la storia del mondo e il futuro del mio lignaggio.

I miei ricordi toccano la mia vita da giovane migrante in Australia, compreso l'assunzione di posti di lavoro in gran parte del paese in cerca di opportunità, insieme a pietre miliari come incontrare mia moglie Betty, crescere una famiglia, praticare sport, gestire un'impresa e scrivere e registrare canzoni.

Mi è sempre piaciuta la musica. Prima nel nostro villaggio feste in Italia, poi studiando musica poi in Australia, imparando l 'fisarmonica '(pianoforte-fisarmonica), prendendo lezioni di canto, cantando canzoni che ho scritto e registrato, e altre che mi piacciono.

Gli eventi della mia storia sono sparsi in quattro continenti (Italia, Sud America, Nord America, Australia), nell'arco di tre secoli e quattro generazioni. Vengono raccontate storie che ho imparato dai miei genitori, sulla loro vita e sulla loro storia.

Prologo

Il Mio Background Familiare

Da dove cominciare quando si scrive di 94 anni di uno 'storia di vita? La famiglia è tutto per gli italiani, quindi comincio con un'introduzione alla mia famiglia, passata e presente, in Australia e all'estero, per impostare la scena per le storie a venire nel mio libro.

I miei nonni, Michelangelo (Michele) e Antonia Costantini

Prendo il nome da mio nonno, ma purtroppo non ho mai incontrato i miei nonni. Mio padre Giustino era il secondo maggiore dei loro sei figli. Uno dei suoi fratelli morì due mesi dopo la nascita e sua sorella morì quando aveva 26 anni. Non ho mai incontrato i miei zii o mia zia da parte di mio padre.

Mio nonno possedeva alcune piccole proprietà ad Ari, a 3-4 km l'una dall'altra. Stimo circa 4-5 ettari in totale. Questo lo ereditò da suo padre, e suo padre da suo padre, e così via. Io non so per quante generazioni la terra fosse nella nostra famiglia, ma possiamo far risalire la mia famiglia ancestrale ad Ari indietro di molte generazioni fino al 1600.

Qualche tempo dopo il 1904, dopo la nascita di tutti i loro figli, i miei nonni e la mia famiglia lasciarono l'Italia per l'Argentina. Il governo argentino ha promesso che grandi quantità di terra potrebbero essere assicurate e lavorate con successo, con buoni profitti. Una proprietà ad Ari è stata venduta per aiutare a pagare il passaggio in mare e le spese per l'acquisto della terra e della casa in Argentina. Prima di partire, i miei nonni hanno fatto in modo che qualcuno si occupasse delle restanti campagne in Italia.

Da quanto mi raccontava mio padre, mio nonno intendeva andare in Argentina e valutare le opportunità prima di decidere se restare o tornare in Italia. I miei nonni hanno scelto di restare in Argentina, di gestire la loro campagna e crescere la loro famiglia, e non sono mai tornati in Italia.

FAMILY TREE

Mio nonno Michelangelo Costantini n. 1852 —s. 1877— **Mia nonna Antonia D'Alessandro** n. 1860

Figli:
- **Zio Tomasino Costantini** n. 1879
- **Zio Nicola Costantini** n. 1885 – m. 1885
- **Mio padre Giustino Costantini** n. 1882
- **Zio Nicola Costantini** n. 1886
- **Zia Giovina Costantini** n. 1891 – m. 1918
- **Zio Giuseppe Costantini** n. 1904

Sorella della madre Anna Salvatore s. Giuseppe
 - Cousin **Natuccia**

La prima moglie mio padre Antonietta Di Luzio n. 1890 —s. 1908— **Mio padre Giustino Costantini** n. 1882 —s. 1925— **La seconda moglie mio padre, mia madre Assuntina Salvatore** n. 1902

Figli della prima moglie:
- **Sorellastra Isolina Costantini** n. 1910, s. Luigi
- **Fratellastro Ubano Costantini** n. 1913 – m. 1915
- **Fratellastro Argentino Costantini** n. 1915 – m. 1915

Figli della seconda moglie:
- **Fratello Antonio Costantini** n. 1926, s. Giuseppina
- **Biase Michele Costantini** n. 1927, s. Betty

Nipoti (di Isolina):
- **Nipote Rosalinda** s. Pasquale
- **Nipote Rocco** s. Anna
- **Nipote Eufemia** s. Mario

Nipoti (di Antonio):
- **Nipote Giustino (Joe)** s. Sharon
- **Nipote Lucio (Larry)** s. Kerry

Figli di Biase Michele:
- **Figlio Tony**
- **Figlia Linda** s. Iain
- **Figlio Peter** s. Julie
- **Figlia Diana** s. Andy
- **Figlio Leonard** s. Renee

Mio padre nacque nella casa paterna ad Ari, nell'ottobre del 1882. Diventò un omone, con gli occhi castani. Amava cantare e aveva una voce molto buona. Anche se non ha conseguito un'istruzione superiore, avrebbe imparato a parlare tre lingue: italiano, spagnolo e inglese. Questo gli ha permesso di lavorare in Argentina e in Nord America ed è diventato un vero toccasana per alcune persone che abbiamo incontrato durante la guerra.

Prima della mia nascita, mio padre viveva in Argentina, con la sua famiglia, nella loro campagna. Tuttavia, a causa delle circostanze che si verificheranno, era destinato a tornare in Italia dove ha ereditato sia dal nonno 'case , stalle e la terra intorno ad Ari.

Le due case Ari erano vicine l'una all'altra. In una abitavamo mio padre, fratello Antonio ed io, nell'altra abitavamo mia cugina Natuccia e sua madre Anna, sorella di mia madre. Mio padre gestiva entrambe le famiglie, gestendo le campagne e le finanze come un'unica famiglia.

Come la mia, la sua vocazione era l'agricoltura, lavorando la fertile terra d'Abruzzo in Italia. A quei tempi non c'erano trattori. La maggior parte del lavoro veniva svolto a mano, con animali di grandi dimensioni utilizzati per i lavori più pesanti. Le mucche erano usate per tirare gli aratri per arare il terreno e gli asini e le mucche trasportavano carichi. Tenere e guidare l'aratro mentre veniva trainato dalle mucche era difficile, a volte richiedeva lunghe ore. Mio padre, con l'aiuto della famiglia, produceva cibo per la nostra tavola e per la vendita.

Mentre lavorava nelle miniere del Nord America, mio padre ha contratto una malattia ai polmoni. Abbiamo sempre pensato che fosse bronchite, ma potrebbe essere stata la malattia del polmone nero che molti minatori hanno contratto perché lavoravano senza mascherine, respirando polvere di carbone. I suoi polmoni non sono mai guariti correttamente e le sue condizioni si sono aggravate durante i mesi invernali.

In estate, ha lavorato molto duramente nella campagna. D'inverno, quando non stava bene, si sedeva davanti al nostro grande camino e ci aiutava lavorando sugli attrezzi agricoli. Ha fatto maniglie per scheggiare zappe, utilizzando il legname degli alberi di noce, e contenitori o cestini di canna. In inverno, ci riunivamo con gli amici e tutti giocavamo a carte, giocando con le monete più piccole.

Ho lavorato con mio padre e mio fratello nelle campagne di famiglia dai 5 ai 24 anni, quando sono emigrato in Australia. Ho lasciato l'Italia senza mai sognare che non avrei più rivisto mio padre. Otto mesi dopo essere emigrato, all'inizio di ottobre 1952, ho ricevuto la devastante notizia che la malattia polmonare lo aveva ucciso. Aveva solo 70 anni.

Banditi sul treno

Mentre era in Argentina, mio padre lavorava con due dei suoi fratelli: Nicolò, un anziano dei servizi ferroviari di Buenos Aires, e Giuseppe, che allenava giovani ginnasti. Un altro fratello, Tomasino, aveva un negozio di ricambi per moto e auto.

Mio padre ha lavorato con Nicolò nei servizi ferroviari fino a un fatidico giorno. All'inizio del XX secolo, parti dell'Argentina erano ancora un paese di frontiera e i banditi vagavano per le campagne. Mio padre è rimasto scioccato nello scoprire dei banditi che caricavano i loro cavalli e i loro fucili su una carrozza posteriore del treno su cui lavorava. Gli hanno chiesto di tenere la bocca chiusa sulla loro presenza e di non dirlo alle autorità ferroviarie. Si è rifiutato di tacere e un bandito ha iniziato una scazzottata con lui.

Mio padre non era un uomo piccolo e ha reagito con successo fino a quando un altro bandito gli ha sparato alla gamba. Puntandogli la pistola al petto, lo hanno buttato giù dal treno. Questo era in una zona remota e mio padre, perdendo sangue, non aveva idea di quanto fosse lontana la città o il dottore successivo.

Ore dopo, un uomo con un cavallo e una carrozza incontrò mio padre. Questo buon samaritano lo portò nella città successiva, dove fu curata la sua ferita. Mio padre rimase lì fino a quando la sua gamba non guarì, lasciando cicatrici permanenti, e quella fu la fine della sua carriera ferroviaria!

La grande fuga

Mio padre ha sofferto di più quando ha cercato di aiutare due adolescenti che lavoravano nella campagna di suo padre. I ragazzi erano stanchi dei lavori agricoli ed erano desiderosi di trovare altri lavori, così mio padre è andato con loro a Rosario, per aiutarli a cercare lavoro.

Quello che non sapeva era che, in Argentina, all'inizio del XX secolo, c'era un'epidemia di peste bubbonica. Tragicamente, entrambi i ragazzi hanno contratto la peste e sono morti. Mio padre è stato forzatamente messo in quarantena dalla polizia di Rosario, come parte dei loro sforzi per fermare la diffusione della malattia. Devastato dalla morte dei ragazzi, viveva nella paura di contrarre la malattia. Questa paura era in parte dovuta alle condizioni primitive in quarantena. C'erano pochissime strutture moderne o servizi di sanificazione. Le posate non erano disponibili. Prima di mangiare, mio padre immerse le mani nell'acqua bollente, la più calda che poteva sopportare, per proteggersi dalle infezioni. Forse questa e altre precauzioni lo aiutarono a evitare di contrarre la peste.

Convinto di non essere stato contagiato, mio padre credeva che la sua migliore opportunità di sopravvivenza fosse quella di uscire dall'area di quarantena il prima possibile. Aveva fatto amicizia con un nativo sudamericano che non voleva fuggire da solo, ma dopo un sacco di tentativi, accettò di aiutare mio padre.

L'area di quarantena era racchiusa da un muro sormontato da affilate barricate d'acciaio. Mio padre e il suo amico hanno monitorato i movimenti della polizia fuori dall'area, per determinare il momento migliore per fare una mossa. Con solo pochi istanti per farlo bene, si alzò sulle spalle del suo amico e, proteggendosi con le coperte, scalò la barricata fino alla cima del muro. In cima, usava lenzuola, legate insieme, per calarsi nei due piani. Sapeva di essere molto fortunato, perché senza il suo amico non sarebbe potuto scappare senza farsi male o essere scoperto.

Fuori dall'area di quarantena, mio padre sospettava che la polizia lo avrebbe cercato. Individuò un grande tubo dell'acqua inutilizzato nelle vicinanze. Strisciandoci dentro, ha aspettato, sperando che se la polizia avesse cercato, alla fine si sarebbero arresi.

Lasciata la pipa, iniziò il viaggio di pochi giorni 'camminare in direzione di suo padre's campagna. Ha attraversato le campagne il più possibile, nella speranza di non essere individuato dalle autorità.

Mio padre torna in Italia per sposarsi

Qualche tempo dopo, mio padre tornò in Italia, forse per un matrimonio combinato. Era certamente in Italia nel 1908, quando a 26 anni sposò la sua prima moglie, Antonietta Di Luzio. Poco dopo essersi sposati, la coppia è tornata dalla famiglia in Argentina, dove vivevano in una casa nella proprietà dei miei nonni fuori Rosario. Coltivavano colture come mais, zucchine e agrumi.

Antonietta e mio padre avevano tre figli. I primi due nacquero in Argentina - Isolina nel 1910 e Urbano nel 1913. Poi, tra il 1913 e il 1915, la famiglia tornò ad Ari in Italia dove nacque un secondo figlio, Argentino, nel 1915. Non conosco la causa, ma è una grande tragedia che i due figli, i miei fratellastri, siano morti giovanissimi ad Ari nel 1915.

La cattiva salute di Antonietta

Posso solo immaginare la devastazione che la morte dei due figli ha avuto sulla salute mentale di Antonietta. Soffriva terribilmente, tormentata da ricordi che non potevano essere alleviati dai medici o da mio padre. Si è deteriorata ogni giorno che passava fino a quando non ha riconosciuto mio padre. È stato molto difficile per mio padre e più difficile per la sua povera moglie.

Verso la fine, su consiglio del medico, Antonietta è stata ricoverata in ospedale per poter essere seguita e supportata professionalmente. Sopravvisse nel manicomio di Teramo solo pochi mesi, scomparendo nel maggio 1925, quando aveva solo 34 anni. Fu sepolta nel cimitero di Ari.

Mi addolora che le tombe di mio padre, della sua prima moglie Antonietta e di mia madre Assuntina non siano più al cimitero di Ari. Perché se ne sono andati? È un vero peccato, ma così andavano le cose. Quando le tombe nelle aree rurali non venivano visitate e mantenute dalla famiglia, erano considerate "abbandonate" e venivano rimosse e riutilizzate. Ancora oggi, in Italia, i terreni sepolcrali vengono mantenuti per un certo tempo e poi riutilizzati a meno che non venga pagata una tassa di rinnovo.

Qualche tempo prima che Antonietta morisse, mio padre andò di nuovo all'estero, accompagnando Antonietta 'sorella di s, che doveva essere sposata, in Nord America. Rimase in Nord America per quasi tre anni e lavorò in una miniera di carbone. È qui che ha contratto la malattia polmonare che alla fine ci avrebbe privato di nostro padre.

Per motivi di sicurezza nelle comunicazioni, i minatori hanno dovuto frequentare la scuola di lingua inglese. Attraverso questa scuola e con l'aiuto degli italoamericani con cui lavorava, mio padre ha imparato a parlare inglese.

Zio Giuseppe

Si dice che lo zio Giuseppe fosse un famoso saltatore in alto, vincendo i campionati argentini a un certo punto. Il nonno e il padre lo accompagnavano nelle gare e anche durante gli allenamenti. Dopo anni di gare, lo zio Giuseppe ha aperto un centro di preparazione atletica a Rosario.

Ricordo mio padre 's storie che Giuseppe era il capo assoluto, anche se era il figlio più giovane. Ha tenuto impegnati mio padre e mio nonno, dando ai giovani atleti quanto più valore possibile di allenamento. Mio padre è diventato lui stesso un buon atleta. Tutto questo è successo prima che tornasse ad Ari, tutto prima che io nascessi.

Due fratelli sposano due sorelle

Lo zio Giuseppe viaggiò dall'Argentina ad Ari, dove sposò Anna Salvatore nel 1921. Nell'ottobre 1925, in seguito alla morte della prima moglie, mio padre sposò la sorella di Anna, Assuntino Salvatore. Assuntino, mia madre, aveva 20 anni meno di mio padre.

Anche la famiglia Salvatore proveniva da Ari, ed aveva quattro femmine e un maschio. Da giovane, il loro figlio, mio zio Corino e sua moglie, si trasferirono in Africa e aprirono un calzaturificio. La fabbrica produceva stivali per l'esercito italiano. Sua moglie gestiva una gioielleria. Dopo molti anni, sono tornati ad Ari ed è stato allora che li ho incontrati.

Giuseppe è tornato alla sua carriera in Argentina, lasciando la moglie incinta, aspettandosi che Anna e la bambina lo raggiungessero presto. Per motivi familiari, Anna e la figlia Natuccia non hanno mai lasciato Ari, e Giuseppe non è mai tornato in Italia. Incontrò un'altra donna e ogni lettera che ricordo di aver ricevuto dalla famiglia era diretta a Natuccia, supplicandola di venire in Argentina. Dopo che Natuccia si è sposata, lei e suo marito, così come mia zia Anna, sono emigrati in Argentina. Natuccia ha finalmente incontrato suo padre.

Mia madre Assuntino Salvatore

Mia madre era popolare nel villaggio locale e nell'area circostante come sarta di alta classe. Cuciva per uomini, donne e bambini. La sua specialità erano i vestiti per le occasioni formali come gli abiti da sposa. La ricordo con affetto, mentre la osservavo stendere la stoffa per tagliare e cucire e creare abiti di alto livello. Non le piaceva lavorare nella campagna, ma il suo lavoro di sarta era fenomenale e si aggiungeva al nostro piccolo reddito familiare. I miei genitori hanno avuto due figli, mio fratello Antonio, nato nel giugno 1926, ed io, nato l'anno successivo nel giugno 1927.

Mio padre ha lavorato la terra ad Ari, forse per cinque anni. Poi è tornato in Argentina per prepararci a trasferirci lì. Avevo tre anni e Antonio quattro, quando se ne andò. Per due anni mio padre ha lavorato e si è preparato per noi per andare in Argentina.

Durante questo periodo, mia madre si ammalò gravemente, soffrendo di un problema allo stomaco che non poteva essere diagnosticato o curato. Un medico la visitava regolarmente, ma lentamente è peggiorata. Erano tempi difficili e spaventosi con mia madre così malata e mio padre lontano. Siamo sopravvissuti grazie alla grande generosità di zia Anna, il prete locale, e dei nostri vicini. Così era il popolo italiano, che viveva e lavorava in tale unità e si prendeva cura l'uno dell'altro.

Con mia madre 'A causa della cattiva salute, i piani di mio padre cambiarono e tornò in Italia per l'ultima volta. Sei mesi dopo, nel marzo 1933, io e Antonio affrontammo la devastante perdita della nostra amata madre. È morta nella nostra casa. Il mio povero padre aveva perso la sua seconda moglie, di nuovo strappatagli in circostanze tragiche.

Mio padre voleva disperatamente stabilirsi in Argentina per ricongiungersi con la sua famiglia. Alcuni mesi dopo il funerale di mia madre, fece in modo che lasciassimo l'Italia. Il destino è intervenuto di nuovo. Quando la data del viaggio si avvicinò, il passaggio in Argentina divenne più difficile. L'Argentina, come il resto del mondo, stava vivendo la Grande Depressione con la sua crescente disoccupazione. Il governo argentino ha introdotto nuove leggi che limitano la migrazione. Per immigrare, mio padre avrebbe avuto bisogno di un contratto di lavoro e di una prova di risparmio. Poi, a 50 anni, non aveva un contratto.

È interessante come questi momenti cambino il proprio destino. Se avessimo fatto quell'ultimo viaggio in Argentina, probabilmente sarei rimasto lì ed avrei evitato le devastazioni della seconda guerra mondiale; ma al prezzo di non immigrare in Australia. Fu così che mio padre, Antonio ed io, rilevammo le terre dei miei nonni intorno ad Ari e le due case.

La mia matrigna, Camilla Assunta Ricci (Assunta)

Non molto tempo dopo la morte di mia madre, mio padre era in cura per le sue condizioni polmonari al vicino ospedale di Guardiagrele. Qui conosce Assunta Ricci, la direttrice ospedaliera, vedova di guerra. Il marito di Assunta, Costantino Tinari, combatté nella prima guerra mondiale, e una ferita da arma da fuoco, che non si rimarginava, alla fine lo uccise. Dai documenti di nascita risulta che Assunta e Costantino ebbero una figlia Nicoletta, morta a soli due mesi, nel 1920.

Da giovane Assunta desiderava molto fare la dottoressa. Ha completato la scuola superiore, ma la sua famiglia era troppo povera per mandarla all'università per la laurea in medicina di cinque anni. Era molto intelligente e avrebbe potuto ottenere molto di più se a quei tempi ci fossero state migliori opportunità accademiche per le persone povere e rurali.

Non potendo studiare per diventare medico, Assunta divenne infermiera ospedaliera e poi matrona dell'ospedale di Guardiagrele. Ha lavorato lì per molti anni, prima di partire per trasferirsi ad Ari per stare con mio padre. Avevo sei anni e Antonio sette, quando è venuta a vivere con noi. Mio padre e Assunta non si sono sposati, credo perché la pensione della vedova di guerra sarebbe andata persa, ma la ricordo con grande affetto, e lei ha creato una famiglia con noi quattro.

Assunta è stata di grande aiuto nella nostra comunità. La gente veniva da lei con i loro problemi medici. Assisteva le ostetriche locali quando le donne partorivano. Circa 13 anni dopo che ho lasciato l'Italia, è morta per complicazioni con il diabete. Fino a quando non ha perso la vista, mi ha scritto bellissime lettere, quasi settimanalmente, in Australia. Morì intorno al 1965.

Mio fratello Giovanni Antonio Costantini

Antonio ed io siamo stati acquistati più vicini dalla terribile perdita di nostra madre. Antonio era forte e una delle persone più laboriose che abbia mai conosciuto. Era gentile e protettivo. Abbiamo fatto tutte le cose che facevano i giovani contadini rurali: esplorare, correre, arrampicarsi sugli alberi e fare fionde (un bastone con una forchetta, con un cinturino di gomma attaccato per sparare sassi). Da piccoli lavoravamo nella campagna e crescendo i nostri carichi di lavoro aumentavano. Antonio era un grande fratello; senza di lui, la mia vita sarebbe enormemente diversa e meno soddisfatta. Molte delle storie che descrivo in questo libro, le abbiamo vissute insieme.

Emigrai in Australia nel 1952, e Antonio lo seguì nel 1956, arrivando su una nave chiamata 'Sydney'. Sua moglie Giuseppina ei loro due ragazzini, i miei nipoti Giustino e Lucio, emigrarono poco dopo, su una nave chiamata 'Roma'.

Hanno fatto la loro casa a Sydney, con Antonio che lavora nella fabbrica di letti Acme come assistente verniciatore a spruzzo e mano nella fabbrica. Dopo un po' di tempo si è trasferito al Dipartimento delle Poste e ha lavorato come supervisore alle pulizie presso l'ufficio postale di Redfern per oltre due decenni. Nei fine settimana era molto richiesto per lavori di giardinaggio e tuttofare perché tutti sapevano che era un gran lavoratore.

Mi mancano molto mio fratello, scomparso nel 2018, e mia cognata, Giuseppina, scomparsa qualche anno prima. I loro figli Giustino e Lucio sono entrambi in pensione dopo una carriera di successo e vivono a Sydney con le loro famiglie.

Mia sorella Isolina

La mia sorellastra Isolina era l'unica figlia sopravvissuta del primo matrimonio di mio padre. Isolina aveva 17 anni quando sono nata, e i miei ricordi di lei sono come una donna gentile. Sposò Luigi e visse nella campagna di famiglia a Vacri, paese vicino ad Ari. Isolina e Luigi ebbero tre figli. Mia nipote, Eufemia, è rimasta in Italia. Lei e suo marito Mario avevano due figlie. Questa è la mia restante, amata, famiglia italiana.

La figlia maggiore di Isolina, mia nipote, Rosalinda, emigrò in Australia nel 1963 quando era nella tarda adolescenza. Ha vissuto con noi per due anni prima di sposare Pasquale e trasferirsi a Brisbane. Con incommensurabile tristezza, Rosalinda è morta a Brisbane nel 2020, sopravvissuta al marito e ai loro tre figli.

Il figlio di Isolina, mio nipote Rocco, vive a Philadelphia, negli Stati Uniti, con sua moglie Anna e il loro figlio e figlia. Rocco ha vissuto per qualche tempo in Australia da giovane, anche a Brisbane negli anni '70 con la sorella Rosalinda. Ci siamo visti spesso e siamo diventati molto vicini. Lo rimaniamo fino ad oggi, parlando spesso al telefono.

I miei cugini

Ho già citato la cugina Natuccia. Era come una sorella per me e Antonio. Si sposò con Franco e vissero a Roccamontepiano, un grazioso paese vicino non lontano da Ari. Natuccia e Franco emigrarono in Argentina nel 1953, dove Franco esercitò il suo mestiere di abile falegname. All'inizio degli anni '90 faceva ancora lavori di falegname. Purtroppo, Natuccia è morta nel 2018.

Un'altra cugina, Elodia e suo marito Santino (soprannominato Rubano), sono anch'essi immigrati in Australia da Chieti. Rubano lasciò l'Italia nel 1955 ed Elodia arrivò con il figlio e la figlia due anni dopo. Nei primi anni della mia vita a Narangba, quando Rubano ed Elodia erano a Brisbane, eravamo molto uniti e ci vedevamo spesso. Ogni volta che Betty e io dovevamo andare a Brisbane, Rubano ed Elodia ci ospitavano e ci ospitavano con calda generosità. Si sono divertiti anche a farci visita in campagna. Purtroppo Rubano è morto nel 1995.

La Guerra Che Ha Cambiato Tutto

I miei primi anni di vita sono stati un periodo incredibile per essere vivi. Il piccolo paese in cui sono nato, Ari, e la nostra provincia abruzzese, erano un paradiso di ricchi terreni agricoli, antiche tradizioni paesane e persone meravigliosamente vivaci.

Italiani rurali remoti come noi, che vivono tra gli Appennini e il mare Adriatico sulla costa Italiana orientale, godeva di una vita semplice prima della guerra. Abbiamo lavorato duramente sulla terra e abbiamo trascorso più tempo possibile con amici e familiari, e questa era la cosa più importante.

Avevo 12 anni quando iniziò la seconda guerra mondiale nel 1939 e gli anni formativi della mia giovinezza coincisero con alcuni dei momenti più bui della storia italiana.

All'inizio della guerra, il corso che questo evento brutale avrebbe preso e il suo pieno impatto sulle nostre vite, ci era sconosciuto. Ha impoverito l'Europa e ha plasmato le nostre vite per sempre, portando me e tanti altri da una parte all'altra del mondo.

Non c'è modo di sopravvalutare l'impatto che la guerra ha avuto sul nostro villaggio mentre il Fronte spazzava la nostra provincia. I nazisti ci sfrattarono dalle nostre case e gli alleati bombardarono a tappeto la campagna.

Presi nel fuoco incrociato, abbiamo vissuto le nostre vite cercando segni di speranza che sarebbe arrivato il momento di sostituire quella che era diventata la nostra battaglia quotidiana per sopravvivere. Rifugiati nel nostro paese, i nostri cuori non hanno mai smesso di sperare di tornare alla vita semplice ma libera di cui godevamo un tempo.

Quella speranza fu finalmente ricompensata quando la Germania si arrese nel maggio 1945. La terribile guerra era finalmente finita. Con l'Italia liberata dalle forze alleate e (ormai) italiane, il compito monumentale di ricostruire le nostre vite e ristabilire i nostri stili di vita agricoli ci attendeva. I combattimenti erano finiti, ma le nostre vite non sarebbero mai più state le stesse.

L'Italia alla fine tornò a prosperare come nazione decenni dopo, anche se non ero lì per vederlo, avendo ormai fatto una nuova vita dall'altra parte del mondo. Sarei mai andato in Australia senza aver vissuto la guerra? Chi può dirlo? Posso dire che non ho mai smesso di considerarmi fortunata per aver avuto l'opportunità e il dono di fare dell'Australia la mia casa.

I Miei Primi Giorni

Dal momento della mia nascita nel 1927, fino al momento in cui ho scritto la mia storia nel 2021, sono grato di aver raggiunto così tanti obiettivi. La mia vita è stata un viaggio che in molti modi simboleggia la capacità dell'umanità di superare e avere successo. Attraverso il mio libro, spero di incoraggiare anche gli altri ad avere speranza ea credere che anche loro possano vincere e avere successo. Fin dalla mia prima infanzia, ho sempre cercato di aprire il mio cuore e pensare all'umanità. Forse perché, anche da bambino, avevo delle sfide da superare.

Sfortunatamente per me e mio fratello, mia madre non è stata in grado di allattare con successo. Come ora e molto prima che il latte artificiale fosse inventato, i medici hanno impresso alle donne l'importanza dell'allattamento al seno. Hanno incoraggiato l'uso di balie invece di usare il latte degli animali.

Quando Antonio è nato, mia madre non riusciva a trovare una balia e così si è nutrito di amore e latte d'asina. Sono stata più fortunata quando sono nata perché una donna del villaggio ha partorito più o meno nello stesso periodo e aveva latte da dare. 10 mesi dopo la mia nascita, la sorella di mia madre ha dato alla luce mia cugina, Natuccia e da allora mi sono nutrita insieme a Natuccia. Racconto questa storia per spiegare il forte legame che ho avuto con la mia 'seconda sorella', Natuccia e la mia 'seconda madre', Anna.

Le case di mio nonno ad Ari

Mio nonno 's due case ad Ari erano vicine. Come la maggior parte delle case di villaggio, c'erano da due a tre piani, non molto spazio e costruite per fornire ciò che era necessario per la sopravvivenza. Abbiamo vissuto al piano di sopra. Al piano di sotto conservavamo il cibo per noi e per i nostri animali. Nella stagione più calda e soleggiata, frutta e verdura venivano sparpagliate in contenitori e conservate sui tetti.

Non c'erano recinzioni intorno alla nostra proprietà. I confini erano divisi con alberi da frutta e noci. Avevamo castagne, fichi, mandorle, olive, ciliegie e albicocche. Gli alberi venivano potati per crescere bene, gli animali mangiavano le foglie e il legno veniva usato per cucinare e riscaldarsi. Non abbiamo mai sprecato nulla.

Ciascuno dei miei figli ha visitato Ari e ha visto la casa in cui sono cresciuto. Nel 2019, la nostra casa è stata acquistata da una famiglia di Roma e ora è usata come casa per le vacanze. La seconda casa in cui è cresciuta mia cugina Natuccia, era la casa di famiglia originaria e molto più antica. È stato abbandonato per decenni ed era un rudere quando ho visitato l'Italia nel 1988.

Le nostre case erano molto vicine a quella dei nostri cugini stretti, Nicolò e Natalina (figli di una delle altre sorelle di mia madre). Siamo cresciuti insieme, girovagando per il villaggio e gli alberi da frutto, giocando. I miei ricordi più belli erano arrampicarsi sugli alberi e giocare nella neve. Vecchie case e fienili erano ottimi per giocare a nascondino. Mi piaceva un gioco che qui in Australia chiamavamo ossa o nocche, noto come jacks. Abbiamo giocato lanciando pietre e prendendole sul dorso delle nostre mani, iniziando con una pietra e aumentando il numero fino a farne cadere una. Il giocatore che ha preso più pietre sul dorso della mano ha vinto.

Apprendimento precoce

Da bambino ero curioso e incline allo studio. Alla scuola elementare (primaria) di Ari, per cinque anni, abbiamo appreso le basi della lettura, della scrittura, dell'aritmetica e del patrimonio italiano, abilità essenziali anche per i bambini delle campagne come l'agricoltura semplice e lo scavo dei pozzi d'acqua. La scuola di Ari aveva un insegnante che insegnava a venticinque di noi di tutte le età e livelli.

L'orario scolastico dalle 9:00 alle 15:00 è stato progettato per adattarsi alla vita rurale. In estate, queste ore lasciavano spazio al lavoro agricolo mattutino e pomeridiano, al tempo libero e allo studio. La luce del giorno andava dalle 5:30 alle 20:30 circa. In inverno, il sole sorgeva intorno alle 7:30 e tramontava intorno alle 17:00, quindi abbiamo completato la scuola durante le ore diurne.

Desideravo molto continuare a studiare, ma non è stato possibile, a causa del lavoro richiesto nelle campagne e di mio padre che non stava bene. In aggiunta a ciò, ad Ari non c'era il liceo e ulteriori studi avrebbero significato trasferirsi a Chieti durante la settimana scolastica.

Non potevamo permetterci il costo del mio trasferimento a Chieti, o il tempo lontano dal lavoro. C'era un altro problema che mi impediva di frequentare il liceo o l'università a Roma. L'Italia era un paese molto religioso e la legge richiedeva che gli studenti avessero due genitori, sposati tra loro. Questo non l'avevo. Se avessi potuto continuare a studiare, chissà che viaggio diverso avrei fatto!

Per molti della mia età, siamo passati dal finire la scuola elementare, al lavoro nelle campagne di famiglia. Mentre le nostre opportunità di carriera erano limitate, le nostre vite avevano molti aspetti positivi. Un grande valore di essere in un piccolo villaggio e condividere la vita comunitaria era che tutti avevano un senso di famiglia allargata.

La domenica la maggior parte delle persone andava in chiesa e il prete era come uno di famiglia. È stato il primo a valutare se mancasse qualcuno o avesse bisogno di aiuto. Prima di ogni servizio, chiedeva se c'era qualche bisogno e si assicurava sempre che le persone ricevessero aiuto quando ne avevano bisogno. La cura di questo sacerdote per gli altri è un'ispirazione duratura per la mia vita e il mio atteggiamento.

L'agricoltura ad Ari – ricordi prima e dopo la guerra
La maggior parte degli abitanti del villaggio lavorava la terra, producendo ciò che era necessario per la sopravvivenza. Ci siamo aiutati a vicenda e nulla è andato sprecato. Quando una famiglia aveva un grosso carico di lavoro, come la trebbiatura del mais, altri venivano in aiuto. Se una famiglia non possedeva un asino, un'altra famiglia lo prestava. I prodotti venivano scambiati e le persone aiutavano i malati e gli inabili al lavoro.

Se qualcuno nel villaggio era bravo in qualcosa, condivideva le proprie capacità con chi ne aveva bisogno. Mio padre era molto bravo con i massaggi e molte persone venivano da lui per i massaggi. Era un'economia di baratto, e la comunità viveva e sopravviveva insieme, restando unita e condividendo l'una con l'altra.

Gli animali erano essenziali per la vita quotidiana nelle campagne. Avevamo due mucche per lavorare la terra e per la mungitura. Ricordo di essere salito sui gradini per mettere il carro sul bestiame. Indossavano un giogo sopra e un'imbracatura sotto con corde per girarli a sinistra oa destra. Le mucche giovani sono state addestrate insieme a quelle più anziane, quindi quando hanno preso il giogo, erano buone e costanti lavoratrici. Aravano e trasportavano il cibo che coltivavamo, come mais e patate. Conservavamo il letame dietro le stalle per riporlo nella campagna come fertilizzante.

Usavamo costantemente un asino, trasportando macchinari, rifornimenti e raccolti dentro e fuori dai campi. I macchinari pesanti non erano quasi mai disponibili e in molti casi non erano utili, poiché il terreno era collinare.

A rotazione, dai mercati, compravamo tre tori all'anno, di età diverse, li ingrassavamo, poi li vendevamo per la carne.

I polli venivano tenuti per le uova e mangiati quando erano troppo vecchi per deporre. I conigli venivano allevati, mangiati e venduti. Vivevano sotto la mangiatoia per le mucche e correvano con gli animali.

Avevamo sei grandi, ottime pecore da latte e ne ricavavamo un'enorme quantità di formaggio (pecorino) e ricotta. La lana, prevalentemente bianca, veniva utilizzata per confezionare calze e vestiti. Avevamo poche scrofe riproduttrici e queste potevano avere 9 o 10 maialini alla volta.

Se le persone possedevano animali maschi con cui allevare, come tori, montoni o cinghiali, li registravano, in modo che tutta la comunità, compresi i veterinari, sapesse da dove venivano. In questo modo è stata mantenuta la qualità delle scorte.

Per allevare i maiali, abbiamo portato le nostre scrofe riproduttrici alle persone registrate, abbiamo lasciato lì gli animali e li abbiamo raccolti in seguito. Se i nostri animali avevano figli maschi, non li tenevamo per la riproduzione. Erano macellati per la porchetta (maialino intero arrosto).

Il giorno prima dei giorni di 'festa' (festa), il macellaio locale uccideva i maiali e li preparava per la cottura. Avevamo un grande forno a legna costruito con mattoni sotto i gradini di casa nostra. Il forno ci starebbe due maiali che potremmo vedere cucinare. Abbiamo venduto il maiale arrosto alla festa per guadagnare soldi.

È stato nella nostra festa locale che è nato il mio amore per la musica, e ancora oggi canto le canzoni popolari italiane che facevano parte della mia giovinezza.

Alberi da frutto, viti e coltivazioni facevano parte della nostra vita contadina. Ho già menzionato mio padre che fabbricava cestini e contenitori di canna. Tutti noi abbiamo aiutato, prima raccogliendo la migliore canna verde da un pezzo di canna che abbiamo coltivato per questo scopo. Il nostro piccolo cerotto era ben confezionato, raggiungendo fino a 3 m di altezza. Lo si capiva tastandolo quando la canna era pronta per tagliare, per fare picchetti per arrampicarsi su fagioli e pomodori, e per fare barattoli.

I contenitori di canna sono stati utilizzati per vari scopi. Le mele venivano conservate sui tetti durante la bella stagione e la frutta veniva essiccata nel nostro forno. La frutta secca e la carne ci hanno nutrito durante l'inverno.

Certo, non sarebbe stato un podere rurale italiano senza l'uva, per mangiare e fare il vino. Dietro la nostra casa coltivavamo speciali varietà di uva da mangiare che in estate venivano ricoperte di frutta. A tutti noi piaceva mangiare quest'uva da tavola, assicurandoci di averne lasciato abbastanza per essere essiccato per l'inverno.

Il nostro appezzamento di uva da vino era più grande. Abbiamo raccolto a mano l'uva matura, caricandola in grandi ceste appese ai lati dell'asino, forse 50 kg ciascuna. L'uva veniva versata in un sacchetto speciale, poi legata e issata con una fune sopra un grande trogolo di legno. Antonio ed io ci siamo divertiti molto, attaccati a due tubi d'acciaio installati sopra il trogolo, saltando su e giù schiacciando l'uva. Il succo veniva raccolto nel trogolo e convogliato nei tini per la fermentazione e l'inizio del processo di vinificazione.

Le bucce rimanenti ('mosto') venivano compresse da una macchina e poi bollite in calderoni di rame per fare lo spirito. Il farmacista ci vendeva aromi da aggiungere ai distillati, facendo la 'grappa'. Non sono mai stato un grande fan della grappa, ma molti in paese l'hanno adorata. Tutto ciò che rimaneva dal processo di produzione della grappa veniva mescolato al cumulo di fertilizzanti all'esterno delle stalle e rimesso in azienda.

Abbiamo anche fatto il vino cotto (vino cotto), che mi è piaciuto molto più della grappa. Abbiamo fatto bollire il succo fino a far evaporare circa un terzo del volume, quindi abbiamo messo il succo concentrato in botti di fermentazione. A volte abbiamo aggiunto del vino cotto al vino bianco per rendere la bevanda più dolce.

Bevevamo tutti vino ogni giorno. I bambini bevevano vino a bassa gradazione alcolica, solitamente ottenuto da uve bianche. Gli adulti bevevano vino più forte che usavamo anche come antisettico per le ferite e come medicinale. Per il mal di gola scaldavamo il vino forte e lo bevevamo prima di andare a dormire, legandoci al collo un calzino pieno di cenere calda.

Non avevamo il riscaldamento, quindi i carboni del fuoco venivano messi in una piastra d'acciaio, con sopra la cenere. Questo è andato all'interno di una scatola ed è stato coperto, quindi messo sui nostri letti per scaldarli. Prima di andare a letto, i piatti venivano messi sul pavimento che riscaldava la stanza. Se fuori nevicava, questo aiutava a mantenere calde le nostre stanze.

La mia vita da ragazzo era occupata dal lavoro manuale nelle campagne. Ignorare il lavoro di coltivazione del cibo e la cura degli animali non era un'opzione, poiché ciò avrebbe significato la perdita delle necessità della vita. In tutto questo, abbiamo sempre trovato il tempo per la vita familiare e comunitaria.

Feste

Non era una vita agiata per piccoli agricoltori come noi. Non avevamo molte cose che le società di oggi danno per scontate. Ma quello che avevamo era un potente spirito comunitario e ci siamo riuniti per festeggiare il più spesso possibile. Quando c'erano così poche opzioni per l'intrattenimento, la gente del villaggio ne creava di proprie.

Al termine della settimana lavorativa, di solito il sabato o la domenica sera, la famiglia e gli amici si riunivano in una famiglia prestabilita. I musicisti suonavano la musica tradizionale e la gente ballava e tutti amavano cantare insieme. Gli strumenti includevano la fisarmonica a piano, la chitarra, il mandolino e il violino.

Prima di suonare, i musicisti hanno nominato i "registi" per iniziare le danze e assicurarsi che tutti si alzassero per ballare quando la musica è iniziata. Abbiamo ballato valzer, il tango e altri balli vivaci. Nessuno poteva essere escluso. Ho molto apprezzato questi tempi poiché hanno coinvolto tutti i membri della comunità, facendoci sentire tutti uguali. Ad oggi nutro un profondo rispetto per le capacità organizzative di quei direttori che si sono assicurati che tutti fossero coinvolti.

Ho dei bei ricordi di mio fratello Antonio ai balli. Amava assolutamente ballare. Anche dopo aver lavorato tutto il giorno, ha ballato fino a tarda sera. Potrebbe avere solo un paio d'ore 'dormire e tornare al lavoro presto il giorno successivo.

I balli erano anche un modo per i giovani adulti di socializzare mentre venivano accompagnati. Molti contadini delle campagne hanno incontrato il marito o la moglie alle feste. Questo accadde ad Antonio, che, dopo la guerra, trascorse molte ore sulla pista da ballo con la sua futura moglie, Giuseppina.

La vita stava cambiando in Italia

A scuola ci hanno insegnato che Mussolini era un buon leader che ha creato il partito fascista italiano e che, nel 1922, si è opposto con successo a un debole governo nazionale a Roma per diventare Presidente del Consiglio. La prima guerra mondiale aveva indebolito l'economia italiana e abbiamo appreso che Mussolini ci avrebbe aiutato. Ora so che questa era propaganda che il governo voleva farci credere, perché mentre Mussolini faceva del bene, era un dittatore brutale.

Prima della guerra, il governo di Mussolini investì denaro in progetti stradali, medici, culturali e agricoli per aumentare la prosperità dell'Italia. Tuttavia, il suo sogno di creare un impero italiano ha portato a scontri internazionali. Questi includevano il suo fatidico coinvolgimento militare in Etiopia; e, peggio ancora, il suo schierarsi con l'Hitler tedesco che portò l'Italia nella devastazione della seconda guerra mondiale. La stragrande maggioranza degli italiani, compreso mio padre, sperava che Mussolini resistesse a un'alleanza con la Germania, ma si schierò con Hitler contro la volontà della maggior parte del popolo italiano.

Nei suoi primi giorni come Primo Ministro, i progetti agricoli di Mussolini hanno migliorato le nostre vite. Ha dato agli agricoltori l'accesso alle attrezzature agricole in modo che potessero allargare i loro raccolti. Per alcuni agricoltori, questo significava che potevano coltivare l'uva su larga scala. Sono stati dati nuovi pali e graticci per coltivare l'uva. Un amico di famiglia nella vicina Bucchianico, stabilì un'area di uva abbastanza grande da aprire la strada alla produzione di vino su larga scala in questa regione. Anche molti altri agricoltori lo fecero e fino ad oggi, la coltivazione dell'uva da vino e la produzione di vino sono una delle industrie più importanti della regione.

I cambiamenti non si limitavano all'agricoltura. Mussolini ha continuato il lavoro dei precedenti governi nel controllo della malaria, nel miglioramento dei servizi igienico-sanitari e nella creazione di nuove industrie. Per le popolazioni rurali ciò significava la creazione di nuovi posti di lavoro non agricoli e un crescente senso di orgoglio per l'economia italiana, così gravemente danneggiata dalla prima guerra mondiale.

Tuttavia, questo breve periodo di positività non durò, con i nazisti nel nord e la guerra all'orizzonte.

Gli italiani e il nostro Paese hanno sofferto molto durante la prima guerra mondiale, anche se l'Italia era dalla parte dei vincitori. Per questo motivo, quando iniziò la seconda guerra mondiale nel 1939, la maggior parte degli italiani voleva che l'Italia rimanesse neutrale. Nessuno voleva che il paese soffrisse come nella prima guerra mondiale.

La situazione per la Germania era molto diversa da quella dell'Italia fino al 1939. Dopo la prima guerra mondiale, la Germania era molto povera a causa dei costi della guerra e delle sanzioni che ne seguirono. La gente viveva nella miseria, l'economia era debole e la loro moneta non valeva quasi nulla. In questo scenario, Hitler salì al potere catturando i cuori del popolo tedesco con la promessa di qualcosa di meglio. Certo, c'erano anche molti tedeschi che non sostenevano Hitler, ma molti lo facevano, nella speranza di una vita migliore.

Non è stato così per l'Italia, vincitrice della prima guerra mondiale, in lotta con gli Alleati. L'Italia non aveva sofferto la povertà che aveva la Germania. Mussolini quindi non aveva lo stesso potere sul popolo quando si trattava di catturare i cuori, le menti e il sostegno per la guerra, come Hitler aveva tra i tedeschi.

L'ITALIA ENTRA LA GUERRA

Forse questo fu uno dei motivi per cui l'Italia fu lenta ad entrare in guerra, cedendo infine alle pressioni tedesche nel giugno 1940, dopo la resa della Francia. Nel settembre 1940, l'Italia aveva dichiarato guerra ai nemici della Germania.

Pur sostenendo Hitler in Francia, Mussolini aveva anche l'obiettivo di espandere i territori italiani in Africa. Aveva già occupato l'Etiopia nel 1936. Questa occupazione ha avviato una resistenza interna Etiope contro le forze italiane, che si è consumata per molti anni. Mussolini cercò di rafforzare il suo controllo sull'Africa occupata e la Grecia fu vista come una chiave per ottenere un passaggio sicuro per le forze italiane.

Le forze italiane attaccarono la Grecia nell'ottobre 1940 dopo aver già occupato la vicina Albania. Qualunque fossero le ragioni di Mussolini per invadere la Grecia, fu un disastro. I greci combatterono duramente per difendere la loro patria, respingendo le forze italiane in Albania. La Grecia alla fine fu conquistata solo quando la Germania venne in aiuto dell'Italia nel Dicembre 1940.

Nonostante le battute d'arresto in Grecia, l'Italia continuò i suoi attacchi nell'Africa occupata, con l'occupazione stessa contrastata dagli Alleati. Gli Alleati sconfissero l'Italia in Etiopia nel 1941, segnando l'inizio della fine per Mussolini. L'appoggio del dittatore tra il popolo italiano si estinse finché, nel 1943, il Re d'Italia lo destituì e lo mise in esilio sui monti del Gran Sasso in Abruzzo, non lontano da dove abitavamo. Poco dopo, l'Italia si arrese agli Alleati, unendosi a loro nella guerra contro la Germania.

Ma il problema per l'Italia era che ormai i tedeschi occupavano l'Italia, accolti da Mussolini quando era dittatore. I nazisti diedero ai soldati italiani la possibilità di continuare a combattere con i tedeschi o diventare prigionieri di guerra. Mentre alcuni continuavano a combattere con la Germania, la maggior parte scelse di non farlo e migliaia di soldati italiani furono disarmati e mandati nei campi di prigionia tedeschi o costretti nei campi di lavoro per aiutare lo sforzo bellico tedesco.

Gli Alleati, insieme ai soldati italiani non catturati dai nazisti, ora combattevano contro i tedeschi in Italia. Fu solo allora, quando l'esercito italiano si schierò finalmente con gli Alleati, che molti italiani sentirono che finalmente eravamo dalla parte giusta in termini di sforzo bellico. Come civili, vivevamo in una nazione occupata dai nazisti. Per questo ho sempre parlato di non essere 'liberati' finché tutte le forze di occupazione tedesche non avessero lasciato l'Italia.

I miei zii in guerra

Durante il periodo dell'invasione italiana della Grecia, due dei miei zii, Ettore e Nicolò Costantini, combatterono nelle forze italiane ed erano su una nave da trasporto per la Grecia quando la loro nave fu attaccata. Un'esplosione sulla nave ha sparato una scheggia nell'occhio di zio Nicolo causando la cecità permanente in quell'occhio. Entrambi gli zii scapparono e fu una famiglia greca ad aiutare Nicolò a trovare assistenza medica. Congedato dall'esercito, Nicolò tornò nella terra di famiglia ad Ari.

Lo zio Ettore fuggì senza gravi ferite e continuò a combattere in Grecia, poi in Africa. Finita la guerra, anche lui tornò ad Ari. La casa dei miei zii era vicina alla nostra e dopo la guerra abbiamo parlato spesso delle loro esperienze.

Il conflitto in Abruzzo ci ha costretto a uscire di casa

L'Abruzzo era uno dei centri di azione militare perché i tedeschi avevano forze chiave situate nella regione. Il mio villaggio natale di Ari faceva parte della prima linea e i combattimenti continuarono intorno a noi per quasi 18 mesi.

Bombe e combattimenti hanno devastato il nostro villaggio e la nostra regione. L'area è stata bombardata da aerei e corazzate alleate nel mare Adriatico. Alcune bombe sono esplose prima di colpire il suolo e le schegge sono esplose in tutte le direzioni. Gli Alleati avevano anche truppe di terra che combattevano i tedeschi in tutta la regione.

Mentre i tedeschi avevano solo pochi aerei, avevano una forte artiglieria di terra con mitragliatrici, artiglieria antiaerea e carri armati per attaccare la potenza aerea alleata. Nessuno era al sicuro. Questo è il motivo per cui così tanti membri della comunità hanno dovuto evacuare nelle caverne per evitare di essere uccisi dalle bombe. Furono scavate caverne ovunque e molte persone vivevano in esse, compresi noi: buchi bui senza luce, acqua, servizi igienici o accesso a cibo sufficiente.

Con attacchi alleati così intensi, era una situazione disperata anche per i tedeschi. Mancavano anche di cibo e provviste e prendevano tutto ciò di cui avevano bisogno dagli italiani locali per sopravvivere e continuare a combattere. In questi tempi bui, ci siamo spesso chiesti perché i tedeschi continuassero a combattere. Solo dopo la guerra crediamo di aver trovato una ragione. Hitler era un grande oratore e pensiamo che abbia convinto il suo popolo che l'ingegneria tedesca, incluso lo sviluppo di una bomba atomica, alla fine avrebbe portato alla vittoria.

Fortunatamente, nel caso della bomba atomica, questo non sarebbe accaduto. Gli Alleati non diedero alla Germania l'accesso a tutti i materiali necessari per la bomba e finirono per svilupparne uno loro stessi in America.

Un'esperienza spaventosa

Prima di essere evacuati da Ari, la mia famiglia e alcuni dei nostri vicini hanno avuto un'esperienza terrificante con un ufficiale nazista. Un piccolo gruppo di soldati tedeschi stava vicino a casa nostra. Avevano annunciato di essere neutrali e di essere amichevoli con noi e gli altri nella comunità. Hanno anche visitato la nostra casa. Un giovane soldato ha visitato un giorno. Come era nostra abitudine, sul tetto della nostra casa a tre piani è stato riposto un contenitore pieno di mele. Il soldato chiese a mio padre se poteva avere delle mele. Mio padre rispose che nessuno poteva raggiungere le mele, perché altri soldati tedeschi avevano preso la lunga scala che normalmente usavamo.

Non scoraggiato, il soldato mise una breve scala sopra una botte di vino per salire e prendere le mele. Mio padre lo avvertì che la canna poteva non reggere il suo peso, ma il soldato non ascoltò. Mentre saliva, la canna si ruppe e il tedesco cadde e si ferì.

Mio padre ha cercato di ottenere aiuto per l'uomo dagli altri soldati tedeschi neutrali. Tuttavia, la notte prima erano arrivati altri soldati, incluso un alto ufficiale nazista. Sono stati questo ufficiale e i suoi uomini a venire a casa nostra. L'ufficiale nazista non capiva cosa fosse successo a causare il ferimento del giovane soldato. Ha accusato mio padre di aver aggredito l'uomo. Mio padre non parlava tedesco e l'ufficiale non parlava italiano, quindi la confusione era forte. I nazisti erano ben noti per aver ucciso molti civili italiani innocenti durante la guerra. La nostra paura era intensa. Eravamo in grossi guai.

Gridando contro di noi, l'ufficiale nazista ha messo in fila tutta la mia famiglia e i nostri vicini (circa 20 di noi) e ha minacciato che saremmo stati giustiziati. Con le pistole puntate contro di noi, ci è stato ordinato di affrontare un muro e di tenere le mani in alto. I nostri cuori ci martellavano nel petto. Congelati dal terrore, abbiamo aspettato gli spari.

Anche se siamo rimasti lì solo per pochi secondi, sembravano ore. Improvvisamente, l'ufficiale tedesco ordinò ai suoi uomini di rilasciarci. Più tardi abbiamo intuito che uno dei soldati, un amico del ferito, ha parlato con l'ufficiale e ha spiegato cosa era successo. Nei giorni a venire, sperimenteremo più volte come questo in cui crediamo che Dio abbia salvato le nostre vite.

Mio padre aiuta gli alleati a fuggire

L'atmosfera era intensa e instabile nel nostro villaggio. Una sera, verso le 22, bussarono rumorosamente alla nostra porta. Fuori c'erano tre uomini: due australiani, uno francese. Non parlavano italiano ed erano stati indirizzati alla nostra porta perché mio padre era uno dei pochi locali che parlava un po' di inglese.

La mia famiglia preparava il cibo per gli uomini affamati mentre mio padre cercava di capire la loro storia. Erano estremamente grati di poter comunicare, essendo prigionieri di guerra evasi che avevano bisogno di un posto dove nascondersi. Come noi, speravano che la guerra finisse presto con un armistizio.

Rimasero con noi quella notte, e mio padre consigliò loro di nascondersi al cimitero di Ari dove piccoli mausolei ospitavano le spoglie di intere famiglie. Lasciando il loro asino con noi, gli uomini si nascosero nel cimitero. Fui incaricato di portare loro da mangiare, condividendo quel poco che avevamo.

Mio padre mi ha ordinato di stare attento a nascondere ciò che stava accadendo ai nazisti di stanza nel nostro villaggio. Ho cercato di non attirare l'attenzione quando ho portato il cibo agli uomini al cimitero. Questo è andato avanti per quasi sei settimane, e poi sono arrivate notizie deludenti che la guerra sarebbe continuata. Non sapevamo quando, o se, l'Europa sarebbe stata liberata.

Dopo questa brutta notizia, gli uomini decisero di lasciare l'Italia per la neutrale Svizzera. Mio padre disegnò una mappa della vicina Majella. Da lì, ha consigliato di viaggiare a nord, attraverso la catena montuosa dell'Appennino verso la Svizzera. Erano circa 12 km dalla Majella e altri 1.000 km circa dalla Svizzera. Mio padre mi spiegò che il percorso attraverso le montagne era difficile e pericoloso, ma la campagna montagnosa era la loro migliore occasione per evitare la riconquista da parte delle truppe tedesche.

Una sera, verso le 18, quando di solito il fuoco si fermava per un po', i fuggitivi lasciarono il loro nascondiglio nel cimitero per iniziare il loro viaggio. Li abbiamo mandati via con l'augurio sincero che riuscissero nel loro viaggio e che raggiungessero la Svizzera sani e salvi. Fino ad oggi, spero che l'abbiano fatto, ma non li abbiamo mai più visti o sentiti.

Scavando dentro

Pochi mesi prima che fossimo costretti a evacuare Ari, gli Alleati iniziarono a occupare il territorio vicino. Questo ci dava la speranza di poter essere presto liberati dai nazisti, ma ci sarebbero voluti altri dieci mesi prima che l'Italia fosse liberata dalle forze alleate. Mentre vivevamo nella speranza di evitare il peggio, non sapevamo cosa ci sarebbe successo domani.

Sapevamo che la battaglia sarebbe stata presto contro di noi e il villaggio non sarebbe stato al sicuro, quindi abbiamo pianificato di scavare una grande grotta. Il luogo scelto con cura era nella terra dello zio Nicolò ad Ari. Gli abitanti del villaggio hanno lavorato a turni, utilizzando barre d'acciaio e scalpelli, 24 ore al giorno, per quasi due mesi. Questi strumenti sono stati realizzati dal nostro fabbro locale.

Quando abbiamo finito, l'ingresso della grotta era alto circa due metri, quindi si apriva all'interno per un'altezza di sei metri. La cavità era lunga sei metri, con due grotte che si staccavano dal centro. Le due propaggini fornivano privacy se una donna aveva bisogno di partorire e isolamento per i malati. A circa tre metri di larghezza, c'era spazio per le persone per dormire e non essere disturbate se qualcuno aveva bisogno di passare per uscire dalla grotta. C'era posto per 50 persone e se avessimo potuto rifugiarci lì, saremmo stati vicini alle nostre case, pronti a tornare non appena la guerra fosse finita. Il nostro lavoro è stato tutto inutile, poiché i cannoni sono stati posizionati vicino alle nostre case, diretti verso il mare Adriatico, e le bombe alleate sono aumentate. Abbiamo rapidamente fatto piani per evacuare Ari.

Evacuare da Ari a Vacri

Una sera del 1944, impresso per sempre nella mia memoria, i nazisti occupanti scrissero un avviso a gesso sul nostro muro, in italiano. Lo stesso è stato scritto sulle case dei nostri vicini. L'avviso diceva che dovevamo evacuare le nostre case prima delle 10 del mattino successivo o saremmo stati mandati in un campo di prigionia o uccisi.

Nessuna motivazione è stata data e non c'era tempo per fare domande. Forse avevano previsto che Ari sarebbe stato un centro della prima linea e volevano che le nostre case ospitassero le truppe. Qualunque sia la ragione, non stavamo aspettando di scoprirlo.

Isolina, Luigi e il loro giovane figlio Rocco, vivevano nella campagna di famiglia di Luigi vicino a Vacri. Nel momento in cui l'avviso è stato scritto sul nostro muro, Isolina e una lontana cugina di Vacri, Nicoletta, erano in visita per aiutarci a trasferirci a Vacri con loro. È stato di grande aiuto per noi che i prigionieri di guerra fuggiti avessero lasciato il loro asino con noi.

Mio padre, la matrigna e mio fratello hanno caricato fino all'orlo un asino. Preparavamo sacchi da portare sulle spalle, per quanto potevamo sopportare. Mio fratello, la matrigna ed io lasciammo in fretta Ari verso Isolina 's posto a Vacri. Era il pieno dell'inverno, nevicava e faceva un freddo gelido.

Un'altra chiamata ravvicinata per mio padre

Mio padre, Isolina e Nicoletta sono rimasti a caricare il secondo asino. Partivano in ritardo perché l'orologio di mio padre era in ritardo. Senza rendersene conto, mio padre pensava che ci fossero ancora alcuni momenti per fuggire. Catturati dopo le 10 da un comandante nazista, lui e le donne sono stati sequestrati e portati in una stazione di soldati. Hanno aspettato tutto il giorno, terrorizzati dal loro destino. Verso le 22 sono stati interrogati, "Perché non hai obbedito all'obbligo di andartene prima delle 10?"

Mio padre ha mostrato il suo orologio per dimostrare che era in ritardo. Controllando lui stesso l'orologio, il comandante credette a mio padre 's spiegazione. Ordinò loro di uscire prima di mezzanotte o di affrontare le conseguenze.

Il nostro sollievo è stato così forte quando li abbiamo visti scendere lungo la strada quella mattina, ed eravamo così felici di essere riuniti a casa della famiglia di Isolina a Vacri. È qui che siamo rimasti insieme dopo aver lasciato Ari. Per la mia famiglia e gli amici che ci sono stati, sì, questa è l'attuale campagna di mia nipote e di suo marito e della sua famiglia. Conoscerai 'la casa vecchia' – la 'casa vecchia'.

All'epoca ci sentivamo più sicuri all'azienda agricola Vacri che ad Ari. Anche se distante solo pochi chilometri, il paese di Vacri si trova in una valle, incuneato tra due colline e racchiuso a ovest dal Monte Majella. Questo ha dato una certa protezione dalle bombe, sia l'artiglieria cannone o dall'aria. Pensavamo che il rischio principale fosse rappresentato dalle navi alleate che sparano dal mare Adriatico agli accampamenti tedeschi.

Un piccolo torrente percorre la valle ai piedi dell'azienda agricola Vacri. Sarebbe difficile per le truppe attraversare le colline da nord o da sud o attraversare il torrente con attrezzature pesanti. L'unico ingresso per i soldati sarebbe dalla strada o attraverso le campagne, da entrambe le estremità della valle. Questo ci ha dato un po' di tranquillità, sapendo che se dovevamo scappare in fretta, avremmo avuto maggiori possibilità di fuggire.

Per un po' fu calmo. Anche così, abbiamo scavato un'altra caverna per ripararci e nasconderci se il fronte di combattimento fosse passato o se avessimo subito pesanti bombardamenti. A questo punto della guerra, gli Alleati avevano progettato una bomba per la guerra nelle campagne collinari o nelle trincee. La bomba potrebbe esplodere in aria poco prima dell'impatto, il che significa che i burroni e le trincee potrebbero essere penetrati. Essere in una grotta ci dava la migliore speranza se la valle fosse caduta sotto quel tipo di fuoco. Sapevamo anche che in qualsiasi momento i nazisti avrebbero potuto costringere i civili nei campi di lavoro come parte della loro occupazione. Era ora di nascondersi.

La posizione della grotta è stata scelta non lontano dalla campagna, in un'area coperta da cespugli molto chiodati che ci avrebbero aiutato a rimanere inosservati. Anche se i soldati passassero nelle vicinanze, speravamo che non trovassero la grotta.

Le tensioni sono aumentate. Quando la grotta fu terminata, era troppo pericoloso rimanere nella casa a causa del fuoco di artiglieria. Una truppa tedesca che passava da Vacri ci disse che se volevamo sopravvivere, dovevamo andarcene. I cartelli venivano affissi lungo le strade, dicendo alla gente di andare subito.

Sempre speranzosi che gli Alleati si avvicinassero alla vittoria, decidemmo di rimanere a Vacri e di dormire nella grotta la notte. Stavamo cercando di evitare l'evacuazione in un luogo più lontano, perché almeno la casa e la campagna erano una base a Vacri. Dormivamo di notte nella grotta e ci nascondevamo per la maggior parte del giorno.

La pilota Americana

Sapevamo di aver bisogno di una via di fuga dalla grotta e abbiamo iniziato a costruire un passaggio nascosto tra i fitti cespugli. Vestiti con abiti scuri fatti di stoffa resistente per proteggerci dalle spine, lavoravamo nell'ombra della notte, tagliando una linea tra i cespugli con le cesoie.

Una notte, Antonio ed io stavamo lavorando sulla nostra via di fuga, ed entrambi improvvisamente si bloccarono quando notammo un movimento. Una donna, vestita con abiti militari, è uscita dal nascondiglio. Ha cercato di parlarci in inglese, così le abbiamo fatto segno di seguirci fino alla grotta dove si trovava mio padre.

Era un pilota di ricognizione americano che fotografava i campi militari tedeschi per informare le operazioni di bombardamento. Il suo aereo è stato colpito dall'artiglieria tedesca, si è paracadutata ed è atterrata non lontano da noi. Non doveva essere rimasta a terra a lungo perché era fuori al gelo. Ora aveva una grande paura di essere catturata dai soldati tedeschi.

Mio padre le chiese della guerra: "Cosa stava succedendo?" La sua risposta ha infranto le nostre speranze di una rapida vittoria per gli Alleati. I tedeschi avevano una forte capacità di continuare i bombardamenti contro gli Alleati e i combattimenti potevano continuare per qualche tempo.

La donna ha condiviso con gratitudine il nostro cibo e quella notte ha dormito nella grotta. Mio padre sapeva che era in grave pericolo e non se la sarebbe cavata bene se fosse stata catturata. Nemmeno lo saremmo se i tedeschi ci scoprissero ad aiutarla.

Un piano è venuto rapidamente insieme. La priorità era cambiare il suo pilota 's uniforme. Isolina le diede dei vestiti e Luigi seppellì l'uniforme. Non sapendo dove fossero gli accampamenti alleati, mio padre le consigliò come aveva fatto con gli altri soldati alleati in fuga. Dirigetevi a nord attraverso le montagne, verso la Svizzera.

Rimase con noi fino all'inizio della sera successiva, poi se ne andò con una mappa e tutti i consigli e le provviste che potevamo offrirle. Il suo viaggio in Svizzera sarebbe stato estremamente duro. Avrebbe dovuto camminare da sola, attraverso le montagne. Speravamo che lungo la strada trovasse abitanti del villaggio simpatici o, meglio ancora, un accampamento alleato, ma non abbiamo idea di come sia finito il suo viaggio.

I nazisti uccidono il nostro vicino

Giorni dopo, abbiamo appreso che i soldati nazisti avevano scoperto una grotta a soli 500 metri dalla nostra. Anche se la grotta era vuota, avevano gettato una bomba a mano per distruggerla. Abbiamo sentito l'esplosione.

Scoprirono quale famiglia aveva scavato la grotta e andarono a casa loro. Hanno chiesto che le donne rimanessero dentro e che gli uomini andassero con loro. I genitori della famiglia avevano un neonato e chiesero al comandante se il padre poteva rimanere con sua moglie e suo figlio. Il comandante rifiutò e al padre fu ordinato di uscire. Ha cercato di negoziare ma è stato colpito da un soldato tedesco, seguendo gli ordini dell'ufficiale. Il pover'uomo è crollato a terra, ucciso alla vista della sua famiglia devastata.

I figli dell'uomo sono stati costretti a trascinare il cadavere del padre in strada e un paio di chilometri lungo la strada fino a un bivio. I soldati li costrinsero a scavare una buca, poi a seppellire il padre con le gambe scoperte, una gamba indicava Vacri e l'altra indicava la vicina Semivicoli. Senza dubbio questo orrore aveva lo scopo di terrorizzare la popolazione locale fino alla completa sottomissione.

Il giorno dopo, le donne della famiglia furono costrette a passare davanti alla fossa poco profonda. Poi furono portate al campo nazista dove le donne furono costrette a cucinare e pulire. I ragazzi sono stati costretti a scavare trincee e altri lavori. Alla fine sono stati rilasciati.

Il buon colonnello

Continuavamo a sperare che la fine della guerra fosse vicina. Siamo rimasti uniti, abbiamo cercato di stare al sicuro e abbiamo aiutato le persone quando potevamo. Avevamo tutti fame. Un caro amico con un neonato non aveva abbastanza latte per nutrire il suo bambino, così due degli uomini hanno lasciato la grotta per mungere la mucca di un vicino. Sapevano che la mucca era in stalla e nutrita, quindi speravano che avrebbe fornito latte per il bambino. Gli uomini si avviarono alla luce di una piccola candela. Due soldati tedeschi hanno notato la candela che tremolava nel buio e hanno indagato. Per fortuna, erano un esercito regolare e amichevole, non nazisti. Dissero che il loro colonnello sarebbe arrivato il giorno dopo e che parlava perfettamente l'italiano.

Abbiamo presto incontrato il nuovo colonnello e poiché era più amichevole con noi, ci siamo sentiti al sicuro nel tornare a casa, il che ha reso più facile ottenere cibo e provviste. Rimanemmo tutti al piano terra, credendo di essere più al sicuro lì se le bombe colpissero il secondo piano.

Fu un piccolo miracolo in quel periodo infernale avere intorno questo bonario colonnello. Faceva molto freddo e pioveva e nevicava costantemente, quindi lasciare la grotta è stato un buon risultato per noi. Quando siamo tornati a casa, abbiamo avuto un ospite abituale nel nuovo colonnello che parlava perfettamente l'italiano.

Parlare la nostra lingua non è stata l'unica cosa italiana che questo signore ha fatto in modo eccellente. Era innamorato del buon cibo e del buon vino italiano e per circa un mese ha visitato la nostra casa ogni giorno per essere nutrito! Deve aver amato molto il cibo, perché a un certo punto ha dichiarato che la nostra casa era sotto la sua protezione personale. Era al comando di circa 30 soldati tedeschi in uniforme, tutti armati per la guerra.

I nazisti prendono i nostri cugini

Non molto tempo dopo l'orrenda morte del nostro vicino, il comandante nazista responsabile e il gruppo con cui si trovava, furono trasferiti da Vacri. Un altro accampamento nazista aveva sede nella vicina Turri, quindi i nazisti erano ancora in giro e ci hanno portato più paura e preoccupazione.

Mia cugina, Natuccia, e un amico, entrambi di circa 15 anni, sono usciti di casa per cercare cibo nelle vicinanze. Le ragazze sono state catturate da due soldati nazisti e portate via. In preda al panico, Isolina andò subito ad avvertire il colonnello, chiedendo il suo aiuto. Trovò le ragazze ei soldati e ordinò che le ragazze fossero rilasciate e lasciate sole. Che sollievo quando i soldati obbedirono poi tornarono al loro campo, a circa un chilometro di distanza.

Non era finita lì. Ai nazisti non piaceva ricevere ordini in giro. Tornati con altri uomini, hanno aperto il fuoco verso casa nostra, il colonnello e noi.

Il colonnello ci avvertì con urgenza: "State bassi sul pavimento!" Ha risposto al fuoco con una piccola mitragliatrice. Per fortuna i suoi uomini sono subito corsi in nostro soccorso e hanno aperto il fuoco, costringendo gli assalitori a ritirarsi. Era strano e confuso vedere i tedeschi combattere l'uno contro l'altro.

Dal modo diverso in cui siamo stati trattati dai nazisti e dall'esercito regolare tedesco, abbiamo appreso che non tutti i soldati tedeschi erano uguali. Il colonnello di lingua italiana ei suoi uomini che occupavano Vacri non erano lo stesso personaggio dei precedenti nazisti. Hanno interagito con i cittadini in un modo molto diverso.

Dopo che i nazisti attaccarono il proprio esercito, il colonnello spiegò che la linea del fronte si stava muovendo e che un grosso bombardamento di bombe perforanti avrebbe probabilmente colpito l'area circostante. Il colonnello ha impressionato tutti i rimanenti locali che l'evacuazione era l'opzione migliore. Ci disse che le grotte non avrebbero fornito alcuna vera sicurezza e che i nazisti avrebbero attaccato chiunque fosse rimasto nel villaggio. Ci ha esortato a uscire immediatamente.

Evacuazione a Chieti

Sapevamo di meglio che litigare e ci preparavamo a ripartire, questa volta nella città di Chieti. Visto l'avvertimento del colonnello tedesco, Isolina 'la famiglia di s è venuta con noi. Non era più sicuro per nessuno restare a Vacri.

Era l'inizio della primavera e nevicava ancora, quindi abbiamo soggiornato la prima notte in una casa libera non lontana. Il colonnello non aveva mentito sul bombardamento e quella stessa notte le bombe erano esplose tutt'intorno. Una bomba ha colpito la casa in cui ci stavamo rifugiando. Ha squarciato il tetto ma, per miracolo, non è esplosa. Molte bombe non sono esplose all'impatto e siamo stati molto sollevati che questa fosse una. Anni dopo la guerra, abbiamo vissuto con il pericolo di bombe inesplose e mine antiuomo. Erano un ricordo costante della nostra terra devastata.

La mattina dopo le bombe si erano fermate. Tutto era calmo. Riprendiamo il cammino, attraverso il comune di Vacri, oltrepassando Bucchianico verso Chieti.

Lungo la strada, io e un altro uomo eravamo andati alla ricerca di piante commestibili e cibo. Due soldati tedeschi ci scoprirono e sospettarono che stessimo spiando per conto dei soldati alleati. Stringendomi forte il naso, un soldato ha chiesto di portarli al nostro gruppo. Sperando con disperazione che la nostra famiglia non sarebbe stata danneggiata, li abbiamo riportati indietro. Con nostro grande sollievo, siamo riusciti a convincere i soldati che eravamo un gruppo familiare italiano in cerca di rifugio. Ci hanno lasciato soli.

Proseguendo, abbiamo camminato con cautela lungo sentieri segnalati per evitare mine inesplose sepolte nella neve. Siamo arrivati a un torrente profondo, impetuoso per la recente pioggia e neve. Dio benedica quella persona che in precedenza aveva legato una corda tesa agli alberi da un lato all'altro. Aggrapparsi a questa corda per salvarsi e avanzare a poco a poco era l'unico modo per attraversarla.

La nostra situazione si è aggravata perché con lei c'era il figlio di tre anni di Isolina, Rocco, e lei aveva più di 8 mesi 'incinta di Rosalinda. Mio padre portava Rocco sulle spalle mentre altri aiutavano Isolina. Lavorando insieme, finalmente siamo rimasti tutti al sicuro dall'altra parte.

Soggiornare a Chieti

Quando arrivammo a Chieti, le forze tedesche l'avevano dichiarata "Città Aperta" - una "città aperta". Ciò significava che i tedeschi fecero sapere che avrebbero abbandonato i loro sforzi difensivi nella speranza che la città potesse evitare la distruzione. Speravamo che essendo una città aperta, Chieti avesse meno probabilità di essere bombardata e che avremmo avuto maggiori possibilità di sopravvivere.

Credo che i tedeschi abbiano dichiarato tre città in Italia città aperte durante la guerra: Roma e Firenze, sperando di preservare la straordinaria storia di quelle città, e Chieti. Si può solo sperare che l'intento di gentili ufficiali, come il colonnello con cui abbiamo stretto amicizia, abbia fatto questo in modo che gli italiani rurali avessero un rifugio sicuro in una lunga e sanguinosa zona di guerra.

L'essere dichiarata città aperta non significava che Chieti fosse liberata. Significava solo che i tedeschi non lo avrebbero usato come base difensiva, aspettandosi che gli Alleati non lo avrebbero bombardato. I tedeschi ancora occupavano la città e controllavano i movimenti per assicurarsi che i locali non collaborassero con gli Alleati. Per gli uomini giovani e sani c'era anche il rischio che venissero catturati dai nazisti e costretti ai campi di lavoro. Questo era successo a mio cognato, Luigi. Mentre era a Vacri, fu costretto a lavorare per i nazisti quando fu catturato fuori.

Arrivati alla periferia di Chieti, abbiamo trovato una vecchia casa abbandonata. Siamo rimasti lì per alcune settimane, sapendo che il momento del parto per Isolina era vicino. Quando venne il momento, per Luigi era troppo pericoloso portare la moglie all'ospedale per paura di essere catturato e portato in un campo di lavoro. Mio padre, allora poco più che sessantenne e con meno probabilità di essere mandato in un campo di lavoro, ha portato sua figlia all'ospedale di Chieti. Questo è stato un altro sacrificio che ha fatto, aiutando il gruppo a rimanere vivo e unito. Anche se eravamo preoccupati per i giorni a venire, che grande sollievo abbiamo provato quando il parto è andato bene.

Chieti fu pesantemente occupata dai tedeschi. I tempi erano disperati e il cibo scarseggiava. Poco dopo che mio padre e Isolina sono tornati, abbiamo dovuto spostarci per cercare cibo perché le nostre provviste erano finite. Per tutto il tempo non abbiamo mai perso la speranza che la liberazione sarebbe arrivata presto e che la guerra sarebbe finita.

Carestia e sopravvivenza

Trovare un posto dove stare non è stato difficile perché molte case sono state abbandonate. La sfida era trovare cibo e provviste. Abbiamo viaggiato lungo le rive di un piccolo fiume, scegliendo una casa abbandonata alla periferia della città. Le campagne circostanti sarebbero i posti migliori per cercare cibo. Siamo rimasti in questo luogo per tre mesi, fino alla fine della seconda guerra mondiale in Europa.

Sono stati tre mesi disperati. Costantemente affamati, eravamo pelle e ossa. Isolina diminuiva ogni giorno e con così poco da mangiare, produceva appena il latte per la piccola Rosalinda. È stato un miracolo che il bambino sia sopravvissuto perché molti no.

Siamo rimasti vivi con qualunque cosa potessimo mettere le mani. Ogni boccone di cibo era prezioso. Lungo i ruscelli crescevano alberi di liquirizia, e con la neve invernale quasi scomparsa, abbiamo scavato le radici per mangiare. Olive crude, noci di bosco - tutto ciò che abbiamo trovato in crescita o lasciato nelle campagne, ci ha impedito di morire di fame. Niente poteva essere cucinato perché gli incendi erano vietati, quindi tutte le patate che dissotterravamo venivano mangiate crude. A volte trovavamo farina nelle case abbandonate o fave e fichi secchi da riportare in famiglia. Questi reperti erano tesori di immenso valore. Abbiamo mangiato qualsiasi cosa potessimo trovare che potesse dare un po' di nutrimento.

Ogni notte gli uomini cercavano cibo, ma non ne trovavano mai abbastanza. Nelle nostre spedizioni, abbiamo rischiato di andare dove non dovevamo essere, ma la nostra priorità era la sopravvivenza. Tanti altri civili italiani hanno condiviso la stessa lotta, poiché da tutto l'Abruzzo arrivavano persone che cercavano rifugio nella città aperta.

Soldati più amichevoli

Anche se Chieti era una città aperta, vivere in periferia ci metteva in pericolo di occupare i tedeschi, e la linea del fronte era ancora vicina. Molte volte, i soldati tedeschi ci hanno affrontato, "Cosa stai facendo infrangendo le regole stando fuori dai confini della città?" La maggior parte delle volte non riuscivamo a capirci, così ci segnalavamo, indicandoci la bocca che stavamo cercando cibo. Penso che, essendo molto vicini alla fine della guerra, molti di questi soldati tedeschi stessero morendo di fame e pronti ad arrendersi.

Se non fosse stato per la promessa di Hitler all'esercito tedesco di essere vicino allo sviluppo della bomba atomica per vincere la guerra, i soldati tedeschi probabilmente sarebbero tornati a casa molto prima. Ormai gli americani e gli alleati avevano più potenza di fuoco, soprattutto dall'aria. Avevano abbastanza aerei per coprire l'aria in formazioni continue e gli attacchi alleati continuavano ad arrivare.

Nel frattempo i tedeschi stavano esaurendo i mezzi per difendersi o per organizzare contrattacchi. Ma i soldati furono costretti a restare, fino alla fine, o rischiarono ritorsioni. Lo sapevamo perché mio padre si offrì di aiutare un ufficiale tedesco di lingua italiana a fuggire ea stare con noi. Il poveretto ha detto che poteva 't perché i nazisti avrebbero ucciso sua moglie e due figli in Germania se avesse disertato. Questo sarebbe stato vero per tutto il personale regolare dell'esercito tedesco.

La maggior parte dei soldati occupanti intorno a Chieti sono stati gentili con noi e non minacciosi come i precedenti nazisti che avevamo incontrato. Sapevano che dovevamo andare in cerca di cibo e per lo più hanno chiuso un occhio in questo periodo di guerra.

Salvato da Contorino Marruccini

Mentre eravamo profughi a Chieti, una notte abbiamo avuto una bellissima sorpresa. Entrarono dalla porta mio zio Nicolò e il nostro vicino di Ari, un giovane di nome Contorino Marruccini. Non avevamo idea che anche loro fossero rifugiati a Chieti, ed eravamo così felici di vederli sani e salvi. La mattina dopo, presto, partimmo per il nostro foraggio quotidiano. Lo zio Nicolò e mio fratello Antonio andarono in una direzione; Contorino e io siamo andati un altro.

Contorino e io camminammo per ore e arrivammo a una piccola collina. Vicino alla linea del fronte c'era il pericolo di bombe. Le case vuote in cima alla collina erano la nostra meta per cercare cibo. Durante la prima serata, sapevamo che ci sarebbe stato un cessate il fuoco di circa 45 minuti, quando alleati e tedeschi avrebbero fermato le ostilità.

In quel lasso di tempo, eravamo sicuri di poter entrare e uscire dalle case. La prima casa in cui siamo entrati è stata quasi completamente distrutta dalle bombe, ma abbiamo trovato quattro fichi secchi. Ne abbiamo assaporati due a testa, sperando di mantenere le forze dopo non aver mangiato per lungo tempo. Fuori, buttati in un cespuglio di more, abbiamo notato una bottiglia con dentro una piccola quantità di vino. Abbiamo condiviso un po' di vino ciascuno, ma in pochi minuti ero terribilmente malato e sono quasi svenuto.

Se il vino oi fichi erano cattivi, o se ero solo stanco per la fame, non lo so. Ad ogni modo, ero in cattive condizioni, faticavo a parlare o camminare. Non sarebbe passato molto tempo prima che l'artiglieria ricominciasse.

Contorino Marruccini quel giorno fu un eroe. Mi trascinò giù nel burrone lontano dal paese più alto che era esposto al fuoco dell'artiglieria. io nonNon so per quanto tempo mi ha trascinato, perché stavo lottando per non svenire.

Il vecchio nella grotta

Siamo arrivati in un punto basso della valle, con l'intenzione di fermarci per la notte. Contorino trovò alcune patate che mangiammo crude. Dopo essermi riposato un po', un po' di forza è tornata. La notte si stava avvicinando quando abbiamo visto una piccola luce nelle vicinanze, di nuovo verso la linea del fronte. Ci siamo chiesti chi potesse essere così audace da accendere un fuoco così vicino al fuoco dell'artiglieria.

Chiunque fosse, stava correndo un grosso rischio. Il mistero si è rivelato una buona notizia per noi. Seguendo la luce, abbiamo scoperto un vecchio che viveva in una grotta. Stava cuocendo il pane, arrostendo le patate e cuocendo i fagioli sul fuoco! Forse a causa della sua vecchiaia, lui non importava quali sarebbero state le conseguenze e se stava per vivere (o morire) in una grotta, almeno avrebbe mangiato bene! È stato molto generoso con noi e quella sera abbiamo mangiato meglio di quanto non facessimo da mesi.

Che meraviglia mangiare patate arrosto (cotte – non crude!), pane appena sfornato e fagioli. Dato lo stato in cui mi trovavo, mi ha ringiovanito fare un vero pasto. Cosa avremmo dato per condividere questa festa con i nostri cari affamati. Questo vecchio gentile ci ha detto che potevamo stare con lui, ma dovevamo tornare dalla nostra famiglia. Quella notte restammo nella grotta con lui e il giorno dopo partimmo.

Tornati con la famiglia, abbiamo scoperto che per fortuna zio Nicolo e mio fratello avevano trovato molto più cibo di noi, abbastanza per aiutarci a sopravvivere ancora qualche giorno in più.

Il nazista ubriaco

Anche se sembrava che i tedeschi in Italia volessero disperatamente tornare a casa e per lo più ci lasciassero soli, un nazista crudele trovò la strada per il nostro rifugio di Chieti. Ha guidato su un grande cavallo rossastro ed è stato seguito da cani da pastore tedesco, che l'esercito tedesco ha usato durante la guerra.

Il nazista è entrato in casa, dichiarando che quello era 'il suo posto'. Portava una grossa coscia di prosciutto e una grande bottiglia di vino cotto - o 'cucinato 'vino liquoroso, di forte gradazione alcolica. Aveva già bevuto parecchio perché era evidentemente ubriaco.

Continuò a bere e lui e i suoi cani iniziarono a mangiare il prosciutto. Non c'era nessuna offerta di cibo o vino per noi. Senza scelta, siamo rimasti dove ci è stato detto e abbiamo guardato con lo stomaco brontolante.

Per qualche ragione, l'ufficiale ubriaco si è spogliato fino alle mutande. Sulla sua schiena abbiamo visto le cicatrici delle ferite da schegge. La nostra paura è aumentata perché era molto ubriaco e fuori controllo.

Due delle nostre ragazze sono entrate e io ho parlato, avvertendole che il nazista era ubriaco e dicendo loro di andarsene, non immaginando che il nazista avrebbe capito l'italiano. Immediatamente divenne aggressivo nei miei confronti e barcollò per prendere la pistola. Sapevo che dovevo scappare. Invece di prendere le scale interne, sono corsa alle scale esterne che portano al secondo piano e sono saltata giù di circa tre metri.

Illeso, mi precipitai verso il torrente. Mio fratello e altre donne del nostro gruppo stavano cercando cibo sulla sponda del torrente, quindi sono corsa nella direzione opposta a dove sapevo che fossero. Il tedesco mi seguì, urlando in tedesco al cane di inseguirmi. Il cane veniva verso di me, velocemente.

Pensando velocemente, ho deciso che la mia migliore speranza era attraversare il torrente, quindi mi sono buttato dentro, senza pensare alla profondità o alla forte corrente. Per un miracolo (perché non sapevo nuotare!) sono arrivato dall'altra parte. Il nazista stava sulla sponda opposta, urlando ai cani di seguirmi. Quando non hanno obbedito, in preda a una furia ha sparato contro di me diversi colpi attraverso il torrente.

Ero terrorizzato e sono rimasto nascosto tutto il giorno. Verso il tramonto, scelsi un posto più sicuro per attraversare il torrente e poi tornai con cautela verso la casa dove potevo sentire la gente parlare. Erano arrivati altri soldati nazisti e l'ufficiale ubriaco era partito con loro. Con enorme sollievo mi sono riunita alla mia famiglia.

Ci si potrebbe chiedere perché soldati come quest'uomo crudele si siano comportati come loro. L'accettazione del militarismo in Germania a quel tempo si basava sulla propaganda di Hitler, che veniva data in pasto ai giovani. I tedeschi furono portati a credere di essere una razza superiore, con il diritto di imporre quell'immagine al mondo.

Mussolini tentò di fare lo stesso con i giovani italiani. Costringendo le persone fin dalla giovane età ad adottare gli atteggiamenti che avrebbero dovuto avere da adulti, presumevano di poter controllare il modo in cui le persone pensavano e agivano.

Un soldato diverso, un'esperienza diversa

Dopo l'incidente con il nazista, abbiamo visto di nuovo come si sono comportati i diversi soldati tedeschi. Un altro soldato tedesco è arrivato al nostro rifugio in motocicletta. In una borsa portava farmaci, antidolorifici e bende. Era ferito gravemente, con ferite da schegge alla gamba, e stava cercando aiuto. Nello specifico, stava cercando la mia matrigna, Assunta. Come sapeva dov'era e che aveva esperienza medica, io non lo so, ma è stata una fortuna per lui che l'ha trovata.

Dopo tutti gli orrori che ci hanno portato i tedeschi, dimostra la forza della natura umana che la mia matrigna abbia aiutato quest'uomo a sopravvivere. Anche se eravamo in guerra e questo soldato era dalla parte opposta, era nella sua natura e nella sua professione aiutarlo. L'uomo grato rimase con noi per alcuni giorni mentre guariva, e se ne andò ringraziando continuamente la mia matrigna per tutto il suo aiuto.

La mia matrigna 's competenze mediche molto richieste

Forse dove andò dopo questo tizio era un vicino ospedale militare, perché non molto tempo dopo arrivarono altri due soldati tedeschi. Parlavano un po' di italiano e volevano che Assunta andasse con loro a curare altri soldati feriti.

La mia matrigna non voleva andare perché mio padre era malato di bronchite e lei non voleva lasciarlo. I soldati dissero che mio padre poteva andare con loro in modo che lei potesse prendersi cura di lui e dei loro feriti.

Questo è stato organizzato e se ne sono andati con i tedeschi. Non sapevamo dove sarebbero andati, per quanto tempo sarebbero stati via o anche se li avremmo rivisti. Come si è scoperto, questo era circa tre settimane prima della fine della guerra.

La fine della guerra e il ritorno a casa

Avevo quasi 17 anni quando la guerra in Europa finì l'8 maggio 1945. Quando abbiamo saputo che l'orrore della guerra era finito e che gli Alleati avevano sconfitto i tedeschi, siamo stati inondati di sollievo e felicità. Potremmo finalmente tornare a casa.

Eravamo molto turbati dal fatto che mio padre e la matrigna fossero ancora via quando lasciammo Chieti per tornare a piedi da Vacri e da Ari. Dove erano? Erano ancora vivi? Li avremmo rivisti o stavamo affrontando la ricostruzione delle nostre vite senza di loro? Siamo partiti con un misto di cuore pesante per loro e gioia di tornare a casa. Siamo tornati alle nostre campagne senza problemi.

Dopo la Germania 'Dopo la resa agli Alleati, mio padre e la matrigna lasciarono quei tedeschi a qualunque fosse il loro destino e tornarono a casa, a piedi, il più velocemente possibile. Con nostro enorme sollievo e grande felicità, arrivarono a casa due giorni dopo di noi.

All'ospedale militare, la mia matrigna 'C'era stato un grande bisogno di aiuto ai feriti, ei tedeschi trattarono bene lei e mio padre. A mio padre furono dati cibo e medicine, quindi la sua salute migliorò leggermente, ma dopo aver sofferto molto stress, stenti e fame come rifugiato, e con la malattia polmonare, non era un uomo sano.

La strage di Filetto

Dopo la guerra, ci siamo riuniti con altri italiani e abbiamo appreso che molti hanno vissuto orrori molto peggiori di noi. Almeno per noi, nessuno dei nostri parenti stretti è stato ucciso in guerra. Anche se questo libro riguarda la mia vita, ora condivido una storia che mostra la brutalità della guerra e il suo effetto su persone innocenti.

La storia inizia nel 1998, molto tempo dopo essere immigrato in Australia, quando sono tornato ad Ari per la prima volta da quando ho lasciato l'Italia. Ho incontrato un vecchio amico, che mi ha chiesto se potevo portare un regalo in Australia e darlo al suo amico a Brisbane. Quando ho consegnato il regalo, l'uomo ha raccontato come è sopravvissuto a una strage nazista a Filetto di Camerda, una provincia vicina alla nostra. Fu quando era giovane che un gruppo di partigiani italiani combatté e uccise alcuni soldati tedeschi. Per rappresaglia nel giugno 1944, i nazisti giustiziarono diciassette uomini civili della città, di età pari o superiore a 17 anni.

Dalla storia che quest'uomo mi ha raccontato, è sfuggito all'omicidio giacendo tra i corpi e fingendo di essere morto. Non sapevo nulla di questo massacro e ho sentito solo quello che è successo tutti quegli anni dopo.

Anni dopo questo orrore, durante una visita in Vaticano, quest'uomo vide un Vescovo e lo riconobbe come il comandante nazista che diede l'ordine di giustiziare gli abitanti del villaggio: Matthias Defregger. In seguito divenne Vescovo di Monaco. Fu solo più tardi, nel 1969, che il massacro fu indagato e Defregger fu costretto a dimettersi dal sacerdozio.

Partigiani Italiani

Come ormai avrete sicuramente capito, la politica era molto complicata in Italia nella prima metà del secolo scorso! Sebbene Mussolini si sia schierato con Hitler, non ha avuto il cuore della maggior parte delle persone. L'Italia era stata allineata con gli Alleati nella prima guerra mondiale e molti italiani non avevano tempo o interesse per gli obiettivi di Mussolini per schierarsi con il nazismo di Hitler e i tedeschi che erano nemici nella prima guerra mondiale.

Dall'inizio della guerra, i partigiani italiani furono eroi che combatterono contro i fascisti italiani e i nazisti tedeschi. Si schierarono con gli Alleati ben prima che l'Italia si arrendesse e si unisse agli Alleati. Sapevamo che durante la guerra i partigiani aiutarono molti italiani a sfuggire ai nazisti. Spesso erano basati sulle montagne che attraversavano il centro del paese, ed era attraverso questi passaggi che i partigiani aiutavano le persone a fuggire in Svizzera.

Il solo sapere che i partigiani combattevano per il popolo, per noi, era un sollievo. Con l'avvicinarsi della guerra, si rafforzarono. Furono molto coinvolti con gli Alleati nella liberazione dell'Italia durante le ultime fasi della guerra.

Ricostruire Le Nostre Vite Dopo La Guerra

Era maggio e il tempo si stava scaldando. Questo è stato un bene per noi, perché molte case ad Ari erano rovinate, compresa la nostra, quindi sarebbe stato difficile stare al caldo. Le bombe alleate avevano fatto molti danni. Il nostro tetto è stato spazzato via e tutte le porte e le finestre sono state rotte. Abbiamo lavorato tutti insieme, riparandoci a vicenda 's case il meglio che potevamo. Questo non è stato facile con materiali da costruzione e attrezzature scarse.

L'acqua scarseggiava anche perché l'acquedotto che portava acqua fresca al paese dalle montagne era stato distrutto. Non abbiamo mai saputo se i tedeschi occupanti vivevano nella nostra casa, ma usavano il nostro pozzo, e per questo non era contaminato come gli altri. Sapevamo che in alcuni punti i corpi venivano gettati nei pozzi. Il villaggio ora contava sul nostro pozzo per l'approvvigionamento idrico. Per essere doppiamente sicuri che non ci fosse contaminazione, decine di persone hanno lavorato duramente, svuotando e pulendo il pozzo prima che si riempisse di acqua di sorgente. Almeno ora, le persone potrebbero lavorare con un canto di liberazione nei loro cuori.

Scavando provviste

Prima di evacuare, molti di noi hanno seppellito materiali e vestiti nelle valigie. Ora li abbiamo dissotterrati e li abbiamo usati per lenzuola e vestiti. Abbiamo dissotterrato i nostri attrezzi agricoli nascosti, utensili da cucina, utensili in rame e grandi calderoni usati per cucinare e fare il vino. Il nostro era tutto nascosto nella nostra proprietà accanto a un piccolo ruscello. Abbiamo anche nascosto il nostro aratro. Era lì dopo la guerra, ma non avevamo una mucca per tirarla. Tutto è stato sepolto in una zona ricoperta di more, così le spine avrebbero scoraggiato chiunque dal trovare i nostri beni. Eravamo così felici di trovare tutto dove lo avevamo nascosto, specialmente i nostri utensili di rame.

Il rame era molto richiesto perché l'esercito tedesco lo usava per fabbricare bombe. Dopo la guerra tutto scarseggiava, specialmente il rame, e sarebbe stato impossibile sostituire queste forniture. Avere i nostri materiali ha fatto una grande differenza per tornare alla vita normale.

Benvenuto aiuto per ricostruire

Prima della guerra, Ari aveva tre piccole cappelle, due chiese e una piccola cattedrale vicino al palazzo del barone locale. Intorno alla città c'era un'antica cinta muraria, larga abbastanza da permettere agli asini di camminarci sopra. Parti della cattedrale, del palazzo e delle mura furono tutte distrutte dalle mine piazzate dai tedeschi. Lo hanno fatto per fare paci per fermare i veicoli delle truppe alleate. Tra i danni a questi edifici e alle case e alle proprietà delle persone, c'erano molte riparazioni da fare.

Dopo la guerra, gli Alleati, in collaborazione con il governo italiano, erano ben organizzati, portando commercianti dalle regioni settentrionali d'Italia per aiutare a ricostruire le aree rurali meridionali e centrali. Alcuni di questi commercianti rimasero nella regione. Fu solo con questo aiuto, finanziato dagli Alleati, che molte importanti riparazioni alle persone 's case e alla città, sono stati raggiunti. Siamo stati tutti così grati per questo aiuto.

Torna a lavorare sulla terra

Eravamo tutti ancora malnutriti e deboli, avendo perso la carne dalle ossa, ma non c'era tempo per riposarsi perché la terra e l'economia erano devastate e dovevamo tornare a lavorare nelle nostre campagne.

Il cibo era ancora scarso e dovevamo essere il più ingegnosi possibile. Tutti abbiamo cercato cibo, tornando lentamente in cima alle nostre campagne e producendo di nuovo. Abbiamo lavorato insieme, uniti come famiglia e comunità. La nostra speranza per la fine della guerra era arrivata e ora il nostro obiettivo era rimetterci in piedi e tornare alla vita normale il prima possibile.

Come accennato in precedenza, la nostra terra non era tutta insieme in un unico luogo. Avevamo sei patch che avevano tutti nomi registrati. Legalmente, questo era per pagare le tariffe, ma ci ha anche aiutato a sapere dove lavoravano le persone. I paci si chiamavano Terminialti, Rossapinto, Vacri, Levalle, Fangacci e quello vicino a casa nostra era Santissimo. Due dei nostri isolati erano tornati verso Vacri. Per fortuna, questi posti non sono stati danneggiati dalle bombe.

Qui avevamo frutteti di alberi maturi tra cui varietà di ciliegie, noci, fichi, more e vigneti. Erano pezzi di terra davvero notevoli, tanto fertili. Molti dei prodotti che producevamo lì, non potevamo coltivarli nelle nostre altre campagne.

In altre aree, abbiamo coltivato diversi raccolti per noi stessi e per la vendita. Avevamo i lupini (una specie di legume), erba medica per gli animali, uva per l'enogastronomia, mele, fichi, pomodori e fagioli. Abbiamo avuto un paio di maturi 'castagne', oi castagni che ci regalavano deliziose castagne da arrostire sul fuoco. Abbiamo anche comprato castagne da altri locali che avevano più di questi magnifici alberi di noi. Ancora oggi amo arrostire e mangiare le castagne!

Dopo la guerra, noi 'affittato 'altro terreno per fornire ulteriore spazio per l'agricoltura. Nessun cambio di mano di denaro, perché non ne avevamo. L'affitto lo pagavamo noi che lavoravamo la terra. Questo blocco era di grande valore per noi, poiché aveva molta acqua con un ruscello nelle vicinanze. Poco più della metà di quello che producevamo è andato a noi e il resto è andato al proprietario terriero. Se un amico aveva della terra libera, tutti noi lavoravamo la terra e condividevamo i prodotti.

Lentamente, durante il periodo tra la fine della guerra e l'immigrazione, abbiamo ricostruito le nostre vite. Non è stato facile. Un fenomeno insolito era una piaga di grandi formiche nere. Non so quanto fosse diffuso, ma non l'avevamo mai visto prima. Qualcosa nelle bombe aveva attirato gli insetti per riprodursi lì? Le porte dovevano essere tenute chiuse per tenere gli insetti fuori dalle case e ogni passo fuori ne schiacciava centinaia sotto i piedi. Fu solo dopo un tempo molto freddo che morirono.

Le nostre campagne hanno ricominciato a produrre il cibo di cui avevamo bisogno, e alla fine abbiamo avuto abbastanza da mangiare e alcuni sono rimasti da vendere.

In primavera e in estate mio padre lavorava con noi in campagna, poiché la sua salute era sempre migliore nei mesi più caldi. Durante l'inverno le sue condizioni polmonari sono peggiorate ed è stato costretto a riposare. Dopo la guerra, la pensione militare della mia matrigna è ricominciata, permettendole di acquistare le medicine di cui mio padre aveva bisogno.

Guarire la nostra terra

Le campagne più vicine ad Ari hanno subito i danni peggiori delle bombe. Le radici delle giovani piante di vite sono state tutte distrutte. Abbiamo dovuto usare portainnesti o piante di ricrescita, e in alcune zone intere nuove viti hanno sostituito le vecchie che ci hanno fatto tornare indietro di quattro anni.

Per piantare l'uva, abbiamo scavato una fossa e preparato delle linee, rimosso a mano il terreno fino a un metro di profondità, quindi sostituito lasciando una striscia coltivata per la semina. La profondità ha dato alle viti portainnesti maggiori possibilità di sopravvivere in una siccità perché potrebbero inviare radici più profonde nella terra. Le file erano lunghe circa 50 metri.

Il portainnesto era un tipo di uva autoctona italiana che cresceva spontaneamente nella zona. È stato piantato per primo e gli è stato permesso di stabilirsi. Varietà fruttifere migliori sono state quindi innestate nel portainnesto. Il portainnesto è stato piantato il prima possibile, in modo che potessero essere innestati e iniziare a produrre rapidamente. Nel primo anno puoi raccogliere un grappolo d'uva da una nuova vite. Nel secondo anno, forse da quattro a cinque grappoli. Entro il quarto anno, dovrebbe produrre bene.

C'erano anche alcune viti non così gravemente danneggiate su un pezzo di terra a circa 3 km da casa. Queste viti ci davano una buona quantità di uva che mangiavamo, vendevamo o vinificavamo. In questa zona avevamo tre filari di viti, tutti distanziati con spazio sufficiente per piantare in mezzo un filare di grano o mais.

Il grano non veniva mai coltivato nello stesso luogo per due anni di seguito, e ogni anno si alternavano spazi di semina per frumento, mais o altre colture. Il grano veniva tagliato a mano, legato in fasci e accatastato fino a quando gli asini o la mucca e il carro non lo avrebbero portato a casa. Una macchina agricola girava per le campagne e, come sempre, la comunità lavorava insieme. I fasci sono stati messi nella parte superiore della grande macchina per la frantumazione. La paglia usciva dalla parte posteriore della macchina e il grano dalla parte anteriore, poi finiva nei sacchi. I sacchi venivano portati in un mulino per macinarli in farina per fare pasta e spaghetti. La paglia veniva ammucchiata in grossi mucchi e utilizzata come lettiera per gli animali. Noi e gli animali abbiamo mangiato il mais.

Autosufficiente

Praticamente l'unico cibo che abbiamo comprato era zucchero o pesce dal venditore di pesce locale. Il venerdì mangiavamo pesce, secondo la nostra religione cattolica.

La nostra produzione di polli e conigli è stata ristabilita. Per molto tempo non c'erano soldi per comprare animali più grandi come mucche, pecore e maiali. Non sono rimasti molti animali di grandi dimensioni dopo la guerra. Prima della guerra avevamo due mucche da arare e trasportare il grosso rimorchio a due ruote. Alla fine, siamo riusciti a comprarne uno, ma quando sono emigrato nel 1952, non avevamo ancora una seconda vacca da arare tanto necessaria.

Mio fratello Antonio sposa il suo amore

Antonio decise di sposarsi in giovane età, solo un anno dopo la guerra. Era ancora un periodo molto difficile per la nostra famiglia e rimanevamo disperatamente poveri. Non eravamo molto lontani sulla strada della piena guarigione. Tuttavia, mio fratello era pieno di vita ed entusiasmo e voleva andare avanti con la sua vita. Nel 1946 sposa Giuseppina Paciocca, di Vacri. La famiglia di Giuseppina voleva che si sposasse con un'altra, ma Antonio e Giuseppina erano profondamente innamorati e, come avrebbe detto Antonio per il resto della sua vita, la "rubava".

Dopo essersi sposati, Antonio e Giuseppina vissero con noi ad Ari, e qui nacquero Giustino e Lucio, i loro due figli. Alcuni anni dopo, Antonio trovò una casa vicina per la sua famiglia, a soli 100 metri da casa nostra.

L'asino aggressivo

L'asino maschio che abbiamo acquistato per aiutare con il trasporto non era castrato ed era grande e forte come un mulo. Era anche di cattivo umore. Abbiamo acquistato l'asino dal padre di Giuseppina, che didn 'Non voleva venderlo a noi perché sapeva che era un biter. Antonio lo rassicurò che avrebbe tenuto sotto controllo l'animale di cui aveva disperatamente bisogno. Antonio l'ha fatto e non è mai stato morso. Ma, a meno che quell'asino non lavorasse tutti i giorni, il suo cattivo umore si infiammava e cercava di mordere chiunque lo maneggiasse.

Lavorare l'asino ogni giorno era impossibile quando pioveva. Dopo alcuni giorni nella stalla, divenne feroce e irrequieto, con altre cose in mente! Indossare le cinghie quando era di quell'umore era molto difficile.

Un giorno stavo progettando un viaggio nella foresta per prendere legna per il nostro fuoco in preparazione per l'inverno. Era di circa 5 km ogni viaggio, con tre viaggi da fare, 15 km in giornata. L'asino era necessario per riportare il legno a casa e non c'erano problemi con la sua resistenza e forza. Potrebbe facilmente trasportare fino a 130 kg in un viaggio. In un giorno avremmo quasi 400 kg di legname, che ho considerato una buona giornata 'lavoro. Ho iniziato presto, pronto a incastrarmi e tutto andava bene, finché l'asino non ha sentito il richiamo di un altro asino.

Se l'altro animale che raglia fosse femmina, il mio asino avrebbe in mente l'accoppiamento. Se fosse stato un maschio, sarebbe potuta nascere una lotta per il territorio. Ad ogni modo, la creatura testarda era determinata a scappare e impazziva cercando di scappare dall'altro asino muggito. Ho provato a trattenerlo con una corda, ma con grande forza ha oscillato indietro, mordendomi sul fianco, vicino alle mie costole inferiori.

Non contenta di un solo morso, la bestia lasciò andare la sua frustrazione e continuò a seguirmi. Sono stato messo all'angolo in mezzo a un piccolo gruppo di alberi senza alcuna via di fuga visibile. Per fortuna tre amici di famiglia di una campagna vicina, hanno sentito il mio e le urla dell'asino e sono corsi ad aiutare.

Il proprietario della proprietà era un uomo molto grande, soprannominato Ercole (Ercole). Ha urlato, dicendomi di non temere e di incoraggiarmi nella mia situazione. Lui ei suoi uomini riuscirono a trattenere l'animale e lo condussero alle sue stalle. La moglie e la figlia di Ercule mi fasciarono la ferita e mi portarono dal medico locale. Il morso era brutto e ci sono volute un paio di settimane per guarire abbastanza da permettermi di tornare al lavoro.

La seconda volta che sono stato morso da quell'asino è stata l'ultima goccia. Non ero gravemente ferito, ma era una storia ripetuta. Stavo portando l'asino fuori a raccogliere legna per quell'inverno e di nuovo ha cercato di scappare. Di nuovo mi ha morso. Era per me e quell'asino! Lo zio Nicolò ed io portammo l'irascibile alle aste di Pescara che era piuttosto distante.

Lungo la strada, siamo stati accolti da un medico che possedeva una piccola campagna. Non aveva figli e cercava uomini che lo aiutassero a lavorare nella sua campagna. Ci ha offerto un lavoro lì e poi, che ovviamente potevamo 'accettare. Tale è l'ospitalità del popolo italiano, che questo uomo generoso e sua moglie ci hanno fornito un alloggio per la notte, e abbiamo condiviso un pasto serale insieme.

Siamo arrivati alle aste al Castello Amare e abbiamo venduto l'asino agli zingari a buon prezzo. Sono stato molto contento di vederlo andare. Un paio di mesi dopo, abbiamo sostituito il maschio aggressivo con un'asina calma e femmina, perfetta per ciò di cui avevamo bisogno.

Che differenza ha fatto nella nostra vita avere un asino migliore. Per i contadini del villaggio, un buon asino o mulo era indispensabile perché il terreno può essere ripido e paludoso con l'umidità. Usare il nostro asino come animale da soma era l'unico modo per trasportare materiali o prodotti. Come per tutte le cose nella vita del villaggio, se una famiglia aveva un grosso lavoro che richiedeva più mani o più animali, l'aiuto era sempre a portata di mano.

Durante il nostro viaggio alle aste, abbiamo visto che la città di Pescara era quasi completamente in rovina. Non sapevo che quello che ho visto lì, in termini di impatto della guerra, avrebbe avuto un ruolo nella mia vita nei giorni a venire.

Rifornimenti brevi

Ci sono voluti anni dopo la guerra per ricostruire la nostra comunità rurale, perché l'approvvigionamento delle forniture era così difficile. I combattimenti avevano distrutto edifici, aziende e campagne che costituivano il tessuto della nostra economia rurale. Prima della guerra, avevamo immagazzinato i nostri semi ogni anno per ripiantare il prossimo. Dopo la guerra, nessuna di quelle scorte di semi rimase. La mancanza di rifornimenti locali significava viaggiare più lontano per acquistare semi di grano e mais, o per acquistare strumenti o animali. Mio padre si è concentrato su come e dove reperire le forniture necessarie.

Aveva sentito parlare di un'area all'interno della provincia, non così gravemente colpita, e pensava che questo posto potesse avere ciò che stavamo cercando. Abbiamo quindi viaggiato (con il nostro nuovo asino femmina amichevole) alla ricerca di questo posto per comprare semi e una nuova mucca. Abbiamo chiesto indicazioni e consigli lungo la strada. Una sera abbiamo bussato alla porta di una cascina e ci è stata aperta da una signora che abitava con sua figlia.

Le abbiamo chiesto se sapeva dove potevamo trovare alloggio e nell'incredibile generosità del popolo italiano, ci ha invitato a stare a casa loro quella notte. Al mattino, mio padre ha spiegato la nostra necessità di rifornimenti e risorse per ristabilire le nostre campagne. Mentre stavamo dando un'occhiata alla loro campagna, la signora ha detto che potrebbe essere in grado di aiutare. Tutti avevano sofferto così tanto, ha detto, e spettava alla comunità aiutarsi a vicenda, quando potevano.

Da questa cara signora abbiamo potuto acquistare semi di mais e frumento. Aveva anche mucche, una delle quali aveva un vitello. Abbiamo comprato il vitello che sarebbe poi stato utilizzato per arare i campi e trainare i carri nelle nostre campagne. I nostri spiriti erano molto sollevati.

Ci siamo imbarcati sulla strada di casa e siamo arrivati a Filetto, appena fuori Ari, quella sera verso le 23:00. Stanchi e ancora lontani da casa, abbiamo chiesto aiuto a persone che mio padre conosceva a Filetto. Erano felici per noi di stare e mangiare con loro. Il nostro vitello è rimasto nella loro stalla, noi siamo rimasti la notte, poi abbiamo finito il nostro viaggio verso casa ad Ari il giorno successivo.

Il vitello divenne la mucca che avremmo usato per arare. Una cosa così piccola potrebbe sembrare forse oggi, quando la maggior parte delle persone, almeno in Australia, ha più di tutto del necessario. Ma nei giorni successivi alla guerra, è stata un'ancora di salvezza per noi avere di nuovo una mucca da lavoro nella nostra campagna.

Vicino a noi c'era un casaro e ricotta che ci prestò dei soldi per comprare una vacca da latte. La mucca ci ha dato latte e formaggio per noi stessi, e abbiamo venduto il latte in eccesso, con solo 100 metri di distanza per trasportare il latte in una nuova fabbrica di latte. Quando abbiamo venduto il latte, abbiamo ripagato l'uomo.

Ci hanno anche prestato denaro per piantare colture di tabacco. Queste piante avevano foglie grandi, usate per fare i sigari. Ancora una volta abbiamo pagato il prestito vendendo i raccolti.

È così che, dopo la guerra, le famiglie si sono sostenute a vicenda, e noi abbiamo vinto e siamo sopravvissuti.

Incidente con una zappa che scheggia

Una battuta d'arresto nel lavoro in campagna è avvenuta quando stavo scavando solchi per la semina e mi sono forato accidentalmente la gamba destra con una zappa. Il medico locale mi ha messo un cerotto alla gamba, ma dopo poche settimane il dolore era così atroce che la mia matrigna ha tagliato il cerotto. Un'infezione stava crescendo sotto il gesso.

Un buon amico di mio padre, con cavallo e imbronciato, trasportò me e la mia matrigna in una clinica privata all'ospedale di Guardiagrele. La clinica era gestita da un rinomato medico locale, don Palmerino Liberatoscioli. Il dottor Liberatoscioli era molto scontento che la mia gamba fosse stata ingessata e disse che il cerotto aveva causato l'infezione. Il miglior corso di trattamento, ha detto, sarebbe la streptomicina, un antibiotico inventato di recente. L'unico problema era che l'ospedale non aveva l'antibiotico di nuova concezione.

Mio padre ha contattato sua cognata dal suo primo matrimonio, che viveva in Nord America, sperando che potesse inviarci le medicine da lì. Non ho mai saputo come ci sia riuscita così in fretta, ma la droga è arrivata subito dopo tramite quella che doveva essere la posta aerea.

Non dimenticherò mai quegli aghi nel didietro ogni quattro ore! Per fortuna la mia matrigna potrebbe amministrarli a casa.

Mio fratello Antonio l'operaio

Dopo l'incidente non ho potuto lavorare per un po'. Fu allora che mi resi conto che la sopravvivenza della nostra famiglia era in gran parte dovuta a mio fratello Antonio. Era inestimabile, lavorava senza sosta, con un'energia incredibile, dormiva poco, sempre pronto ad alzarsi e andare al mattino. Ha lavorato nelle nostre campagne, in un negozio di alimentari locale e presso la fabbrica di olio d'oliva locale. Era una forza della natura, fisicamente.

Uno 'quintale '(peso 100kg) è, nella nostra regione, uno standard con cui vengono imbustate, vendute e trasportate merci secche, come olive, mais, fagioli e grano. In realtà, è'è misurato a 101 kg, per consentire il bagaglio's peso. Antonio sollevava e trasportava sulle spalle i sacchi da 100 kg di prodotti, li scaricava da un camion e li trasportava nel negozio dove lavorava. Una volta, quando ho provato a sollevare una di quelle borse, il suo capo mi ha detto di non preoccuparmi perché mi sarei fatto male! Quella'è ciò per cui la maggior parte delle persone usava un carrello.

Antonio non veniva pagato in contanti per questo lavoro, ma portava a casa dalla bottega pane, pasta, pesce, salumi e altri beni per la nostra famiglia. Non molti uomini potrebbero fare quello che ha fatto Antonio. Rimane l'uomo che lavora più sodo che abbia mai incontrato in vita mia.

Olive in crescita

Un libro sulla mia vita in Italia non sarebbe completo senza menzionare la coltivazione delle olive e quanto fosse importante l'olio d'oliva nelle nostre vite. Come tutti i contadini della zona, coltivavamo olive da olio e da usare in cucina.

Abbiamo schiacciato le nostre olive in un frantoio locale ad Ari. Per schiacciare le olive, due grandi ruote rotolavano su un grande piatto circolare di cemento. Un cavallo bendato, legato a un palo, tirava la calca in tondo, azionando il meccanismo. Questo procedimento frantumava magnificamente le olive, rompendole in preparazione per essere spremute. Dopo essere stato frantumato, si utilizzava un grande torchio di legno per estrarre l'olio. Questo è stato un duro lavoro e un lungo processo. Lo stesso approccio viene utilizzato oggi per produrre olio d'oliva, tranne che con le più moderne attrezzature e tecnologie. La nostra regione rimane una delle principali fonti di olio d'oliva che viene venduto in tutto il mondo.

Zingari

Nei mesi più caldi, gli zingari passavano spesso attraverso i villaggi rurali italiani. Piccoli gruppi hanno viaggiato attraverso il nostro villaggio e sono stati autorizzati a rimanere per una settimana, secondo la legge del consiglio locale. Se non c'erano problemi e la comunità era felice di averli lì, potevano rimanere più a lungo prima di dover andare avanti. La durata della loro permanenza spettava al consiglio locale che poteva trasferirli dopo una settimana.

Ad Ari, gruppi di zingari si sono accampati nei parchi locali, erigendo tende o soggiornando in roulotte trainate da animali. Vendevano o scambiavano merci e animali e suonavano musica che piaceva agli abitanti del villaggio. Non hanno mai veramente lavorato o accettato lavori locali, perché non faceva parte della loro cultura stabilirsi troppo a lungo in un posto. Hanno detto alla gente 's fortune in cambio di denaro o beni. In generale, erano onesti e non era un problema averli intorno.

Tuttavia, alcuni nella comunità erano sempre diffidenti nei confronti degli zingari e con buone ragioni, poiché alcuni zingari rubavano cose. Se un particolare gruppo veniva sorpreso a fare qualcosa di sbagliato, veniva espulso dalla città e non veniva accolto.

Mi piaceva avere intorno gli zingari bonari. Era qualcosa di nuovo che accadeva in città e portavano notizie da altre zone. Siamo sempre stati in guardia però, e ho avuto il mio incontro con alcuni zingari disonesti.

Uno dei nostri paci di terra aveva una combinazione di uva matura, mais e grano. Era l'uva che cercavano questi zingari, e li ho beccati mentre cercavano di rubare una quantità di circa 14-15 casse. Era una domenica mattina, quando la maggior parte delle persone era in chiesa, e gli zingari sapevano che era il momento migliore per darsi da fare.

La nostra famiglia era a conoscenza di questi trucchi, e quando gli zingari erano in città, io e Antonio avevamo un sistema per controllare la nostra terra la domenica mattina. Ci alternavamo andando in chiesa e controllando le campagne. Una settimana ho controllato le campagne e Antonio è andato in chiesa, e viceversa la settimana successiva. In questa occasione, la nostra sorveglianza ha colto un gruppo di zingari che rubava le nostre uve. Ho urlato loro di smetterla, ma non si sono accorti di me.

Questi zingari non avevano idea che noi italiani avessimo qualche asso nella manica per proteggere le nostre campagne. I ragazzi del posto, come me, Antonio e il nostro caro amico di scuola Nicolò, avevano un sistema di allarme. Comunicavamo tra di noi usando una serie di forti fischi in diverse sequenze che avevano significati diversi.

Quando gli zingari mi hanno ignorato, ho emesso il segnale dei tre fischi, più forte che potevo, che indicava 'vieni per favore - ho bisogno di aiuto'. Per fortuna, Nicolò, che abitava vicino a quel blocco di terra, era a portata d'orecchio. È arrivato molto velocemente, insieme a suo padre, sua madre e il loro cane. Al cane, addestrato proprio per questo, fu ordinato di inseguire gli zingari. È entrato in uno stato d'animo feroce ed è riuscito a fare proprio questo.

Abbiamo cacciato quegli zingari dalla nostra famiglia 's terra e ha salvato l'uva dal furto, dal consumo o dalla vendita degli zingari. Sono partiti con i loro cavalli e rimorchi e non abbiamo mai più visto quei particolari zingari. Dopo aver lavorato tutto l'anno per produrre un raccolto, non c'era modo di permettere agli zingari di rubare i prodotti di cui avevamo bisogno per noi stessi, o di vendere per sopravvivere.

I vicini hanno vinto il jackpot

Per un paio di giovani, nostri vicini di casa, c'è stata una grande prosperità personale dopo la guerra. Inoltre è arrivato ad un prezzo molto alto.

Durante la guerra, le famiglie di questi ragazzi, come tanti altri, si rifugiavano dai tedeschi e dalle bombe alleate, in una grotta tra le colline. Questa grotta si trovava tra Ari e Orsogna. Una sera al chiaro di luna, le madri dei ragazzi hanno notato attività in una zona vicina e più bassa. In lontananza, hanno visto due persone rotolare e portare una grande bottiglia, apparentemente molto pesante, dato il modo in cui veniva trasportata. La bottiglia è stata seppellita.

Le donne sospettarono che fosse stato sepolto qualcosa di prezioso e con la loro curiosità crescente, andarono a indagare. A loro insaputa era che i soldati tedeschi non erano lontani da quella zona. Nell'oscurità crescente, i soldati hanno aperto il fuoco. Una delle donne è stata uccisa immediatamente. Anche l'altro è stato colpito ma non gravemente ferito. Rimanendo bassa, è riuscita a scappare ed è tornata alla caverna.

Come tutti gli altri, queste famiglie furono presto evacuate dai tedeschi. Dopo la guerra, i due giovani, diretti molto probabilmente dalla madre superstite, dissotterrarono la bottiglia con il suo misterioso contenuto. Non sapremmo mai esattamente cosa è successo dopo. Quello che sappiamo è che entrambi gli uomini sono diventati improvvisamente estremamente ricchi.

Un uomo ha aperto un nuovo mulino per la frantumazione di mais e grano e ha ampliato un negozio di alimentari esistente, già di proprietà della loro famiglia. L'altro ha acquistato una piccola flotta di camion per il trasporto e il ribaltamento della ghiaia utilizzati per i lavori stradali. Le nuove imprese erano benvenute da tutti poiché portavano lavoro e denaro in città. Questo includeva mio fratello Antonio, che lavorava al negozio di alimentari e aiutava a costruire una grande casa per uno degli uomini.

Uno dei giovani ha sposato mio cugino. Comprò un prestigioso veicolo per il trasporto dei diplomatici alle riunioni da Chieti e dalla vicina Pescara a Roma. Ho lavorato per lui, lavando le sue macchine e lui mi ha insegnato a guidare. C'erano solo quattro auto nel nostro villaggio in quel momento.

Potrebbe essere per sempre un mistero come esattamente questi tizi siano diventati così ricchi durante la notte. Ma tutti nel villaggio sospettavano che avesse qualcosa a che fare con ciò che fu segretamente sepolto quella notte per essere nascosto ai nazisti. Qualunque cosa fosse, quella ricchezza improvvisa e misteriosa per queste famiglie era una grande notizia per il popolo di Ari.

Diventare Un Uomo

Quando ho lasciato la mia adolescenza alle spalle e sono diventato un giovane uomo, la mia mente era su cosa avrei fatto in futuro. Lavorare nella nostra terra era un'opzione, ma ero anche interessato a una carriera diversa.

L'Italia aveva un corpo di guardia di finanza chiamato Il Corpo di Finanziere. Questo era un ruolo di funzionario pubblico di tutto rispetto. Stavo mirando a questo, soprattutto a causa della devastazione della guerra e perché mio padre aveva una salute così cagionevole. Avere un lavoro professionale avrebbe offerto più soldi per la mia famiglia e mi avrebbe aiutato a ottenere più di quello che volevo dalla vita.

Per poter studiare per questo lavoro, avevo bisogno di un certificato scolastico. Purtroppo, tutti i nostri registri e la documentazione sono stati distrutti durante la guerra, incluso il mio certificato di scuola elementare, quindi ho dovuto rifare gli esami. Ho sostenuto gli esami con gli alunni della scuola pubblica di Ari, quando avevo circa 23 anni. Dopo aver superato gli esami, avevo ciò di cui avevo bisogno per i miei progetti futuri.

Un ostacolo superato

Il mio obiettivo di entrare nella formazione è stato però bloccato, perché ogni giovane maschio italiano doveva fare due anni di servizio militare. Per questo mio fratello Antonio era andato al reparto militare a Chieti. Dopo qualche settimana, forse per un problema di salute o perché era sposato, fu rimandato a casa, quindi non prestò servizio militare. Non mi piaceva l'idea di fare il servizio militare, o l'idea di rimandare i miei piani per due anni. Volevo andare direttamente allo studio per il ruolo di servizio pubblico.

Per fortuna mio padre, che era molto rispettato ad Ari, conosceva un generale italiano in pensione che aveva combattuto con le forze italiane nell'invasione italiana dell'Africa. Il generale don Perino di Felice era un distinto signore anziano ed era considerato un rispettato dignitario di grande rango nel nostro piccolo paese.

Questo generale in pensione ha usato la sua influenza per aiutarmi a evitare di dover fare il servizio militare. Pertanto, con grandi speranze e ambizioni, mi sono recato all'ufficio provinciale per fare la domanda per il corpo di polizia.

Il destino interviene

Tuttavia, il destino è intervenuto nei miei piani. Un amico di famiglia che era il sindaco del consiglio locale di Ari, un pomeriggio ha visitato la nostra campagna e mi ha chiesto se volevo andare in Australia come migrante. Mi ha detto che se l'avessi fatto, avrei dovuto fare subito domanda. Disse che anche se non avessi soddisfatto i requisiti, avrei potuto andare a Napoli e almeno vedere quella grande città, perché lì avrebbero fatto le valutazioni finali su chi poteva andare.

Conoscevo un po' di questo luogo misterioso chiamato Australia, poiché avevo incontrato soldati australiani durante la guerra e avevo imparato qualcosa sull'Australia a scuola. Ho deciso di candidarmi, almeno per vedere cosa è successo. Con l'Italia così impoverita, ho pensato di poter andare in Australia per qualche anno, fare un po' di soldi e tornare a casa per aiutare la mia famiglia. Ho parlato con mio padre e la mia famiglia. Mio padre non era contento e non voleva che andassi, ma la mia decisione era di candidarmi.

Mio padre mi ha permesso di presentare la domanda solo sulla base del fatto che se fossi stato accettato, avrebbe preso in prestito denaro per acquistare un pacchetto assicurativo completo per me. I soldi dell'assicurazione sarebbero stati depositati tramite bonifico bancario su un conto bancario australiano prima del mio arrivo in Australia. Con questa assicurazione, ha spiegato, sarei sicuro sapendo che se mi fossi ammalato o ferito in Australia, sarei stato curato e sarei stato in grado di tornare a casa. Fu solo dopo aver concordato questo accordo che mio padre mi lasciò andare a fare la domanda di immigrazione.

La fretta di candidarsi

Ho avuto un giorno per organizzare la mia domanda. Lo stesso pomeriggio è venuto a trovarmi il nostro amico sindaco, che mi ha organizzato un passaggio da e per Orsogna, dove avrei potuto fare una foto per la domanda. Sono tornato ad Ari, ho compilato la domanda, poi ho dovuto andare a piedi a Chieti, perché non c'era nessun veicolo disponibile. Ho camminato per 20 km durante la notte, quindi sarei stato lì quando l'ufficio immigrazione avrebbe aperto la mattina.

Sono arrivato mezz'ora prima dell'apertura dell'ufficio e ho comprato caffè e biscotti mentre aspettavo. Quando l'ufficio ha aperto, ho presentato la mia domanda. Un uomo ha accettato la mia domanda e mi ha detto di andare a casa, tornare al lavoro e aspettare. Ha spiegato che solo 10 uomini sarebbero stati accettati per immigrare in Australia dalle circa 70 città all'interno della provincia al momento di quel giro di domande. Con quella notizia, mi avviai per la lunga camminata verso casa.

Passarono sette giorni quando ricevetti un telegramma: avevo superato le valutazioni preliminari e ora potevo andare in treno a Napoli per ulteriori accertamenti. A Napoli noi candidati siamo stati valutati più volte sia da australiani che da italiani. Questo è stato un processo lungo e ha incluso visite mediche, radiografie e una valutazione psicologica.

mi è stato chiesto, 'Perché vuoi andare in Australia? 'Spiegai che la nostra terra era stata decimata durante la guerra, e mentre stavamo ricostruendo lentamente, la vita era molto difficile per la mia famiglia. Volevo andare in Australia per alcuni anni, lavorare sodo per mandare soldi a casa e alla fine riportarli indietro, quando tornavo. Mi è stato anche chiesto se avessi avuto qualche coinvolgimento con la mafia. Non saresti andato da nessuna parte se avessi detto qualcosa su un legame con la mafia.

Dopo le valutazioni, mi è stato detto: "Torna alla tua famiglia e al lavoro e non elevare le tue speranze". Le mie risposte devono essere state quelle che volevano sentire, perché entro sette giorni dal ritorno a casa è arrivata la notifica per telegramma che ero stato selezionato per andare in Australia. Ci sono voluti solo 21 giorni dall'inizio alla fine, per sapere che avevo vinto la lotteria per essere uno dei pochi scelti per immigrare in Australia. Che regalo. Si prospettava un percorso completamente nuovo e inconoscibile. Ero terrorizzato ed eccitato allo stesso tempo.

All'improvviso, il mio futuro sembrava diverso da qualsiasi cosa avessi mai sognato. Neanche la mia famiglia l'ha mai sognato. Sono rimasti scioccati dal fatto che con solo 10 selezionati dall'intera provincia, sono stato scelto. Mio padre ed io abbiamo parlato molto e alla fine ha accettato che me ne andassi quando gli ho detto che avevo intenzione di tornare dopo due o tre anni.

Un altro ostacolo superato

Il passo successivo è stato ottenere un passaporto di viaggio. Il guaio era che il governo non me lo concedeva perché ero iscritto per essere valutato per entrare in guardia di finanza.

Ancora una volta, il generale in pensione mi ha aiutato. È venuto con me all'ufficio del servizio pubblico per spiegarmi che i miei piani erano cambiati. Con l'influenza del generale, il dipartimento si convinse dell'effettivo svolgimento degli eventi e la mia candidatura al servizio pubblico fu ritirata. Superato questo ostacolo, la mia richiesta di passaporto è stata accettata.

Non dimenticherò mai l'aiuto di quest'uomo meraviglioso, il nostro amico generale. Senza ulteriori ostacoli, il mio futuro percorso di viaggio in Australia era stabilito.

Mai guardarsi indietro

Mio padre ha avuto una premonizione? Con mio fratello Antonio sposato con una famiglia, sempre ad Ari che lavora nella nostra campagna, pensava che almeno uno di noi sarebbe sempre stato lì? Forse lui stesso, ex immigrato, sapeva quanto sarebbe stato facile mettere radici in una terra straniera, come aveva fatto suo padre in Argentina. Non lo saprò mai. Quando è arrivato il momento per me di andarmene, mi ha detto: "Non voltarti mai indietro". Non mi è mai passato per la mente che quando ci saremmo abbracciati e salutati, sarebbe stata l'ultima volta che l'avrei visto.

Quando me ne sono andato, la casa era piena di familiari e amici. Ero sopraffatto da offerte di aiuto e regali di denaro che la gente difficilmente poteva risparmiare, per mandarmi via. Un regalo era un orologio bello e costoso. Dire addio è stato un momento estremamente emozionante. Adoravo la mia famiglia e solo questo era così difficile. Ma stavo anche salutando gli amici che avevano formato una parte così importante della mia vita. Eravamo legati insieme prima, durante e dopo il nostro periodo da rifugiati.

Sopraffatto da sentimenti di tristezza e smarrimento, ma anche di attesa per il futuro, sono salito sull'autobus da Ari a Chieti. Da Chieti ho preso un treno per la città portuale di Bari. Fu il 17 febbraio 1952, quando avevo 24 anni, che lasciai Bari su una nave chiamata 'San Giorgio' per dirigermi verso l'Australia. Ci sono voluti 44 giorni da Bari in Italia a Melbourne, Victoria, e sono arrivato il 1 aprile 1952. Il "San Giorgio" ha navigato attraverso il Canale di Suez, e ad Aden, Port Said, poi a Fremantle (Australia occidentale), prima di attraccare a Melbourne, Victoria.

La vita a bordo

Il viaggio dall'Italia all'Australia è stato impegnativo. Lasciando Bari quella notte, il vento ululava e la barca era sotto grande pressione per le grandi onde. Mi sono addormentato ma mi sono svegliato con il mal di mare. Con la barca che si agitava su e giù, stavo violentemente male. Era spaventoso per un ragazzo di campagna che era abituato alla tranquilla vita di villaggio su un terreno solido ad Ari!

Questa è stata l'unica volta in cui sono stato male durante i 44 giorni di viaggio, ma il mio stomaco si è sempre sentito al limite, il che ha reso impossibile il piacere di mangiare. Ho perso il mio appetito e con esso, ogni idea di poter sopportare un'esperienza così orribile, mai più. Ho perso 6kg durante il viaggio e la nave 'il dottore'L'assicurazione che rimettere i piedi per terra fosse tutto ciò che serviva per curarmi dal mal di mare, era poco confortante. Aveva ragione però. Ogni volta che scendevo dalla nave in vari porti, mi sentivo molto meglio! Qualunque cosa il mio futuro avesse in serbo, essere un marinaio non era una delle opzioni! Mio padre aveva attraversato l'Atlantico 10 volte nella sua vita, ma non era per me!

Nonostante il mio costante stato di nausea, la vita sulla nave era un'avventura. A bordo c'erano migranti da tutta Europa e molti sono stati separati dalle loro famiglie. La maggior parte erano rifugiati, che lasciavano le nazioni d'origine e la depressione economica dell'Europa del dopoguerra, verso una speranza migliore. Senza eccezioni, ogni passeggero era lì con la determinazione di fare una vita migliore di quella che si erano lasciati alle spalle.

I passeggeri si sono fatti amici e si sono sostenuti a vicenda a bordo, nonostante le differenze culturali. Come me, molti pensavano che sarebbero stati in Australia solo per un breve periodo. Chissà quanti sono rimasti per sempre, come ho fatto io.

Sulla nave ho incontrato Giuseppe (Guissepi) Infante, di Bucchianico, situato non lontano da Ari. Guissepi era uno dei 10 accettati per immigrare. Aveva una forte determinazione a lavorare sodo nella nuova terra. Guissepi è diventato un mio caro amico in Australia e abbiamo lavorato insieme per molti anni. Attraverso di lui ho conosciuto i nostri amici di famiglia, i suoi nipoti, Gino e Camillo De Ritis e le loro famiglie, anche loro di Bucchianico.

Guissepi ha continuato a diventare un elettricista in Australia, ma tragicamente è stato ucciso mentre stava lavorando in alto su un palo della corrente.

Tagliare i capelli a bordo della nave

Non lontano dalla nostra casa ad Ari, c'era un barbiere locale. Il nostro barbiere era un caro amico che mi ha mostrato il suo mestiere, fin da quando ero ragazzo. Per questo motivo, avevo imparato a tagliare i capelli e avevo a bordo i miei strumenti per tagliare i capelli.

Ora, a bordo della nave c'era un barbiere ufficiale che chiedeva una tassa per i suoi tagli. Non molti a bordo avevano i soldi, quindi c'era bisogno di qualcuno che potesse fornire un servizio gratuito. Ero felice di aiutare le persone. I tagli di capelli mantenevano puliti gli spazi abitativi perché i capelli corti significavano meno possibilità di pidocchi o altri problemi.

Tagliare i capelli era anche un modo per me di incontrare persone sulla nave. Ero ansioso di conoscere altre persone e luoghi, e di ascoltare i loro sogni per una vita migliore e un mondo migliore per l'umanità. Un gruppo di giovani siciliane saliva da sottocoperta solo una volta al giorno, per mangiare. Tenevano sempre il viso coperto e non parlavano con nessuno. Mi chiedevo se fossero sotto il controllo della mafia.

Le nostre cuccette erano situate lungo una ripida scala, sotto la linea del mare. Era sotto che mi tagliavo i capelli, lontano dalla vista dall'attività sopra il ponte. Dopo circa tre giorni di taglio dei capelli, due membri dell'equipaggio della nave vennero a farmi visita. Insoddisfatti del fatto che offrissi tagli di capelli gratuiti, hanno confiscato la mia attrezzatura. Forse erano amici della nave 'barbiere ufficiale. Qualunque sia la loro ragione, sono stati molto scortesi e mi hanno detto che avrei riavuto la mia attrezzatura quando fossimo sbarcati.

Ho deciso di vedere se potevo riavere la mia attrezzatura e di continuare a offrire tagli di capelli. Rivolevo anche il mio rasoio perché ero abituata a radermi tutti i giorni! La mia soluzione era trovare un ufficiale per vedere cosa si poteva fare. Questa ricerca mi ha portato al secondo in comando. Che meravigliosa scoperta è stato questo signore! Si è scoperto che era molto interessato a incontrarmi e parlare con me, perché era originario di Pescara, anche in Abruzzo.

Mi ha chiesto se ero stato a Pescara, spiegando che non vedeva la sua città natale da prima della guerra perché era sempre in mare. Era alla disperata ricerca di notizie e mi ha chiesto cosa sapevo delle cicatrici lasciate sulla sua amata città a causa della guerra. "C'è ancora il ponte sul Pescara? I miei genitori "la casa di s è vicina."

Gli dissi che ero davvero passato da Pescara dopo la guerra, perché era vicino ai mercati degli animali. Spiegai che il ponte era stato distrutto dalle bombe, come la maggior parte della città. Quando ho attraversato Pescara, il fiume era percorribile solo da un ponte temporaneo a una corsia. Questa notizia lo addolorò molto.

A differenza della vicina Chieti, Pescara fu pesantemente presa di mira dai bombardamenti degli Alleati perché era una città portuale utilizzata dai tedeschi. Credo che circa tre quarti del Pescara 's edifici sono stati distrutti o danneggiati con un massimo di 6.000 vittime civili.

Dopo la nostra chiacchierata su Pescara, il comandante in seconda era dalla mia parte. Ha restituito i miei attrezzi da barbiere e mi ha detto di continuare il mio lavoro. Mi ha consigliato di ripulire dopo aver tagliato i capelli e di tenere tutto pulito e in ordine. Sono andato avanti come mi aveva detto, ma un paio di giorni dopo ho ricevuto un'altra visita dagli stessi uomini che prima avevano confiscato la mia attrezzatura.

Di nuovo, hanno preso la mia attrezzatura e questa volta hanno minacciato di confinarmi. Dopo ulteriori discussioni insieme, dissero: "Questo è un avvertimento, ma non ce ne sarà un altro". Sono andato di nuovo a parlare con lo stesso ufficiale di prima. Ha parlato con gli uomini e i miei strumenti sono stati restituiti. Non ho avuto più problemi da questi uomini per il resto del viaggio.

Adesso ero libera di tagliare i capelli, dando fino a 10 al giorno per uomini, donne e bambini. Ha aiutato a passare il tempo durante i 44 giorni in mare e ha offerto una grande opportunità per incontrare nuove persone.

Il mio nuovo amico ufficiale era sempre felice di vedermi e di fermarsi a fare due chiacchiere. Un giorno, mi ha chiesto se avessi mai giocato 'ping-pong'. Non l'avevo fatto ovviamente.

"Vuoi imparare?"

Per l'equipaggio e i passeggeri era stato allestito un tavolo da ping-pong. L'ufficiale mi ha insegnato a giocare e nel corso del viaggio abbiamo giocato molte volte. Il mio gioco non è mai stato buono come il suo, e lui ha sempre vinto. Non mi importava perché ero così grato per la nostra conoscenza.

Problemi prima di Fremantle

Una mattina verso le 10, quando eravamo a circa 20 km dal porto di Fremantle nell'Australia occidentale, siamo entrati in acque agitate e qualcosa è andato storto con la nostra nave. I mari in questa zona sotto la superficie sono noti per essere molto agitati.

Il capitano diede ordine di preparare le scialuppe di salvataggio e di preparare i passeggeri allo sbarco. Nessuno sapeva cosa c'era che non andava e tutti eravamo allarmati. Poco dopo arrivarono due battelli a vapore. Pensavamo che ci avrebbero aiutato a entrare a Fremantle, ma hanno portato un squadra di ingegneri, che è salito a bordo e ha risolto qualunque fosse il problema. Nessuno aveva bisogno di sbarcare, e abbiamo continuato a Fremantle dove abbiamo camminato a terra per la prima volta in più di un mese.

Abbiamo trascorso una giornata a Fremantle mentre alla nave veniva prestata attenzione meccanica in preparazione della fase finale del viaggio, essendo quattro giorni a Melbourne. Parte del nostro denaro, trattenuto dagli ufficiali della nave, ci è stato restituito per la giornata a Fremantle. Per me erano 10 sterline australiane, un sacco di soldi nel 1952. Ci avevano dato istruzioni rigorose di non spenderli tutti.

È stata una giornata magnifica nel bellissimo porto di Fremantle. Il nostro piccolo gruppo includeva un collega italiano che parlava inglese, il che è stato di grande aiuto. Abbiamo mangiato frutta fresca e assaporato per la prima volta il gusto dell'anguria in Australia. Senza che la barca mi scuotesse lo stomaco, mi sono gustato una birra in un hotel, dove abbiamo anche pranzato. Abbiamo esplorato la città prima di tornare alla nave quella notte. Tornati a bordo, lasciammo Fremantle e quattro giorni dopo arrivammo a Melbourne, dove stava per iniziare la mia nuova vita in Australia.

Campo migranti di Bonegilla

Dopo lo sbarco, siamo stati messi in gruppi e il mio gruppo è stato portato alla stazione ferroviaria di Melbourne e trasportato al Bonegilla Migrant Camp. Questo è stato lo stesso giorno in cui siamo arrivati a Melbourne, quindi non ho visto niente della città di Melbourne.

Il campo per migranti di Bonegilla è stato istituito dal governo australiano per accogliere e formare migranti e rifugiati quando sono entrati nel paese. Credo che sia stato originariamente costruito come base dell'esercito della seconda guerra mondiale. Il motivo per cui siamo stati mandati al campo è perché aiutavano gli immigrati a trovare lavoro. Il campo era grande e c'erano rifugiati da tutta Europa, incluso ora il nostro gruppo di circa 20 migranti italiani. La nostra nuova casa era nelle capanne di base del campo.

È stato di grande aiuto avere un interprete che parlasse più lingue. Si potevano porre domande e venivano fornite informazioni sull'Australia. Il nostro interprete voleva che ci immergessimo in una scuola di lingua inglese offerta all'interno del campo. Ho frequentato la scuola quando ero 't impegnato a tagliare i capelli (ancora gratis). Ero così entusiasta di imparare l'inglese, sapendo che sarebbe stato essenziale fare il mio viaggio in Australia.

Tramite l'interprete mi è stato chiesto se avrei lavorato sulla linea ferroviaria come operaio. Il lavoro di un fettler è quello di posare, mantenere e controllare la sicurezza delle linee ferroviarie. Come un nuovo immigrato desideroso di ogni opportunità, ho detto: "Sì!". Così ha fatto il mio amico Guissepi Infante.

Dopo quattro settimane a Bonegilla, fummo mandati a Sydney e iscritti alla ferrovia 's tre mesi di tirocinio che mi ha qualificato come fettler. Era uno stage retribuito e la mia prima opportunità di iniziare a guadagnare soldi in Australia.

A Sydney, siamo stati ospitati con centinaia di altri migranti di tutte le nazionalità, in un campo di migranti a St Leonard 'S. L'interprete di Bonegilla era con noi, il che è stato un grande vantaggio. Era un uomo brillante e molto disponibile per molti migranti. Ha usato le sue abilità linguistiche per interpretare e insegnare l'inglese a molte nazionalità. Ci ha persino portato al nostro primo spettacolo musicale in Australia, a Sydney's Trocadero. Che bella notte.

Una sera, io e il mio amico Guissepi siamo andati in un club della città di Sydney per vedere un incontro di wrestling. Uno degli uomini sul ring era un famoso ex campione del mondo di boxe, Primo Carnera, che si era dedicato al wrestling. Primo Carnera era una montagna di un uomo del nord Italia. Spesso era così più grosso dei suoi avversari che le sue braccia lunghe e forti fornivano un vantaggio vincente. Era famoso in Italia e nel mondo, quindi per noi è stata una vera esperienza vederlo vincere il suo incontro di wrestling quella notte del 1952.

Occhi spalancati

Vivendo a Sydney, ho iniziato a conoscere la vita in Australia, così diversa da dove vengo, in così tanti modi. Quei pochi mesi a St Leonard's campo di migranti sono stati una rivelazione per me. C'erano migliaia di persone lì, di diverse nazionalità e lingue. Vengo da un piccolo villaggio agricolo e Sydney era una grande città commerciale.

Una domenica, il nostro interprete ci ha detto che c'era una grande festa religiosa in un parco di Sydney. Mi ha chiesto se un gruppo di noi voleva andare con lui, e io ero molto desideroso di accettare e imparare di più su questo nuovo mondo. Ha spiegato che ci sarebbe stata una rappresentanza della religione cattolica italiana, oltre ad altre 12 o giù di lì altre religioni.

Mi girava la testa - altre 12 religioni? Ho capito che c'erano altre culture e religioni nel mondo, e ora, ovviamente, l'Italia è una nazione molto multiculturale, soprattutto nelle città. Ma venendo dalle campagne Italiane, in quei tempi, non sapevo cosa potessero comportare tali culture e religioni. In casa avevamo cattolici – o zingari! Vedere una rappresentazione di altre 12 religioni, tutte allineate in grandi tende, una dopo l'altra, tutte con le proprie manifestazioni religiose e culturali è stata un'esperienza completamente nuova per me. Avevo la sensazione che mi sarei inserita bene in questo nuovo mondo, dove culture e religioni diverse semprava così ben accettate.

Più taglio di capelli

Mentre fai il collante 'Naturalmente, sono tornato al campo verso le 16:00 e ho iniziato a tagliare i capelli fino alle 22:00 circa . Ora potevo addebitare una piccola somma perché molti residenti lavoravano e guadagnavano. I soldi che guadagnavo tagliando i capelli la sera e nei fine settimana erano quasi quanto i miei guadagni durante la settimana con i servizi ferroviari.

A San Leonardo 's camp, ho condiviso una stanza con Guissepi , che ha anche lavorato sulle ferrovie. Ho suggerito a Guissepi che, poiché ero impegnato a tagliare i capelli, poteva cucinare per noi e io avrei pagato gli ingredienti. Guissepi ha pensato che fosse una grande idea e l'accordo ha funzionato bene per i tre mesi in cui siamo stati lì. Ora avevo ancora più tempo per tagliare i capelli e ho iniziato a pensare di aprire un negozio di barbiere a Sydney.

Come mi era successo tante volte adesso, c'erano delle forze in gioco che mi hanno portato in una direzione diversa. Deve essere stato intorno alla metà del 1952 che l'Australia ha conosciuto una recessione economica. Il lavoro è diventato più difficile da trovare e la gente ha camminato in tutte le direzioni in cerca di lavoro.

Molti migranti che arrivavano in quel periodo trovavano molto difficile trovare lavoro. Abbiamo persino sentito voci di una nave di migranti che è arrivata a Sydney e ai migranti non è stato permesso di sbarcare. Non sono sicuro che fosse vero, ma c'erano decisamente meno posti di lavoro per gli australiani e per i nuovi migranti.

Determinazione per avere successo

Lo sapevo a causa di mio padre 'generosità, ho ricoperto per due anni una copertura assicurativa che mi avrebbe aiutato a tornare a casa se non fossi riuscito a farmi strada in Australia. Ma avevo una forte determinazione ad avere successo. Volevo lavorare sodo e andare avanti, e ho cercato ogni opportunità per avanzare.

Il lavoro manuale sulle ferrovie era duro, posando binari e traversine. Ho avuto tempo per pensare a cosa avrei potuto fare in Australia. Magari lavorare nel commercio, con ditte che vendevano macchine, automobili o attrezzature agricole. Qualsiasi idea avessi mi avrebbe richiesto di parlare bene l'inglese, quindi ho continuato a imparare in ogni occasione.

Termina il tirocinio e incontro con Ernesto

Dopo tre mesi di lavoro e formazione a Sydney, Earnesto ed io fummo assegnati a lavorare sulla linea ferroviaria a Parkes, nel New South Wales. Guissepi è stato mandato in un'altra zona. Rimanemmo solo due settimane, poi fummo mandati in un posto chiamato Singleton, nel centro del New South Wales. Era in costruzione una nuova ferrovia e fummo mandati a lavorare sulla linea a circa 100 km da Singleton, con un equipaggio di circa 25 persone.

Durante il lavoro in questa zona remota, la parte della ferrovia che è stata costruita, è stata utilizzata dal dipartimento ferroviario per trasportare cibo e rifornimenti agli equipaggi che lavorano al capolinea.

Durante questo lavoro, però, qualcosa è andato storto nella comunicazione con i lavoratori non anglofoni. Un giorno arrivò il treno dei rifornimenti, ma invece di portare cibo, partì con il resto della squadra di lavoro, ad eccezione di Earnesto ed io, insieme a un cinese. Ovviamente non capendo alcune istruzioni, siamo stati lasciati in cantiere per 3 giorni senza rifornimenti. Il cinese è andato per la sua strada. Earnesto ed io, senza scelta ea stomaco vuoto, decidemmo di camminare fino a 100 km di Singleton per trovare rifornimenti.

Fortunatamente per noi, un agricoltore locale ci ha visti sulla strada e ci ha dato un passaggio a Singleton, dove siamo stati in grado di fare provviste. Poi ci riportò al campo di lavoro, perché ci aspettavamo di continuare il lavoro. Alla fine, dopo aver aspettato un altro paio di giorni al campo, è arrivato il supervisore del sito e ci ha detto che a causa della mancanza di fondi, il progetto sarebbe stato interrotto.

Il supervisore ci ha detto che l'unico altro lavoro ferroviario disponibile era in un luogo chiamato Roto. Ci riportò a Singleton, e da lì fummo trasferiti io ero a Roto, per lavorare lì sulla linea ferroviaria. Il dipartimento delle ferrovie possedeva diverse case a Roto, dove vivevano stabilmente famiglie australiane. Il nostro tempo al Roto è stato molto aiutato da queste famiglie, che hanno apprezzato l'aiuto di giovani migranti che lavorano sodo. Come stranieri in terra straniera, abbiamo posto ogni sorta di domande, usando la nostra limitata conoscenza dell'inglese e con l'aiuto del nostro dizionario inglese-italiano. Senza negozi nelle aree remote, le forniture sono state fornite alle bande dal dipartimento delle ferrovie. Le famiglie australiane di Roto ci hanno aiutato molto nell'ordinare queste forniture.

Al Roto c'era una piccola caserma dove conobbi un altro italiano, Earnesto Ciaschetti, che divenne mio caro e caro amico. Venivamo da paesi vicini, con Earnesto di Villamagna, a circa 4 km da Ari. Earnesto era un ottimo cuoco, il che è stato utile per fare nuove amicizie in Australia. Mentre lavoravamo alle ferrovie, Earnesto era sempre il capocuoco delle nostre squadre. Abbiamo fatto tante esperienze insieme come giovani migranti in questa terra straniera.

Earnesto era come un fratello per me. La sua amicizia è diventata particolarmente importante per me il giorno devastante in cui ho ricevuto un telegramma dalla mia matrigna per informarmi che mio padre era morto. Nel mio cuore, ho sempre pensato che l'avrei rivisto e ho sofferto un terribile dolore e solitudine trovandomi dall'altra parte dell'oceano, così lontano dalla mia famiglia in questo momento di perdita. Com'era possibile che non avrei mai più rivisto mio padre? Oltre a Earnesto, le famiglie australiane mi hanno sostenuto durante la mia terribile perdita. Per molte settimane ho indossato una fascia nera in segno di lutto per mio padre.

Roto

Roto era una base importante per il mantenimento della linea ferroviaria perché veniva utilizzata per trasportare i minerali dentro e fuori le miniere di Broken Hill, a circa 400 km a ovest. Da Roto, i minerali hanno percorso altri 800 km fino al porto di Newcastle.

Durante i nostri tre mesi alla Roto, Earnesto ed io abbiamo viaggiato ovunque fosse necessario tra Roto e Broken Hill. È stato allora che abbiamo imparato quanto può essere duro l'ambiente australiano. Le tempeste di sabbia turbinavano e imperversavano nell'area, lasciandosi dietro grandi colline di sabbia. Quando il vento si è abbattuto, gli animali e il bestiame si sono sparpagliati lungo la linea e questo ha minacciato di far deragliare i treni.

I motori del treno a vapore erano dotati di una barra di metallo curva e spessa nella parte anteriore per aiutare a respingere la sabbia e impedire agli animali randagi di far deragliare il treno. Se c'era un ostacolo dovuto alla sabbia, i treni rallentavano per muoversi con cautela, poi acceleravano di nuovo mentre passavano.

Le tempeste di sabbia erano un problema costante, quindi una squadra di manutenzione della miniera puliva regolarmente la maggior parte della sabbia dai binari, utilizzando attrezzature speciali. Il nostro lavoro come tagliatori era quello di posizionare le traversine in legno sotto le linee e assicurarci che eventuali rotture e difetti fossero trovati e riparati. È stato un lavoro duro e condizioni difficili, ma abbiamo lavorato sodo e il risultato è stato ben pensato.

Mentre stavamo lavorando sulla linea ferroviaria per servire l'industria mineraria a Broken Hill, abbiamo naturalmente iniziato a saperne di più sull'attività mineraria. Abbiamo visto che era un'operazione enorme e importante, l'estrazione di molti minerali tra cui argento, piombo, zinco e persino oro. Abbiamo parlato di andare a Broken Hill per lavorare, ma ci è stato detto che per lavorare lì avevamo bisogno di un livello di inglese molto alto, che non avevamo. Siamo rimasti a lavorare con la ferrovia.

Ponte rotto sulla strada per Broken Hill

Non ho idea di quanti anni Broken Hill sia stato in grave siccità prima che arrivassimo lì, ma la situazione all'epoca era disperata. Un giorno, però, i cieli si sono aperti e una tempesta è arrivata con un grande volume e forza d'acqua. La pioggia ha provocato allagamenti improvvisi che hanno danneggiato un importante ponte ferroviario.

Il nostro equipaggio di sei uomini era l'unico disponibile per riparare rapidamente il ponte. Abbiamo lavorato ininterrottamente per due settimane per riparare il ponte ei binari che attraversano il ponte. Anche se abbiamo finito quel lavoro, devono esserci stati problemi con la linea in altri punti. Sono trascorse altre tre settimane dopo aver riparato il ponte prima che i treni riprendessero a circolare.

Problemi con i miei occhi

Verso la fine del lavoro di riparazione del ponte, i miei occhi sono diventati rossi e gonfi per l'infezione da morsi di mosca. Avevo bisogno di cure mediche.

Il problema era che il medico più vicino si trovava a circa 100 km attraverso il paese a sud in un luogo chiamato Hillston, o 400 km in treno a est fino a Parkes. Il treno non sarebbe dovuto funzionare per altri 10 giorni, quindi ho cercato di continuare a lavorare. I miei occhi peggiorarono e mi esasperarono immensamente. Dopo sei giorni di sofferenza, il nostro capobanda australiano e sua moglie hanno avuto pietà di me e hanno deciso di mettersi in gioco.

Dato che il treno non funzionava ancora, l'unica scelta era arrivare a Hillston. Questo è stato possibile solo con l'aiuto di queste persone gentili che mi hanno guidato attraverso il paese con la loro Ford modello T. Stavano correndo un rischio reale perché le acque dell'inondazione erano ancora alte e abbiamo avuto numerosi e rischiosi attraversamenti di torrenti lungo la strada. Siamo partiti un pomeriggio verso le 15:00 e siamo arrivati intorno alle 9 la mattina successiva.

Al centro medico di Hillston, un dottore mi ha guardato gli occhi e mi ha dato una medicina che ha ridotto il dolore e l'infiammazione. Tuttavia è rimasto preoccupato e mi ha detto che avrei dovuto vedere un oculista a Orange. Il giorno successivo, siamo tornati alla base del campo ferroviario.

Vivendo in una zona remota, le uniche persone che possono aiutarti sono quelle vicino a te. Mi consideravo molto fortunato per l'aiuto di queste persone, a cui capitava di avere una macchina, cosa piuttosto rara a quei tempi. Senza di loro, sarei stato sicuramente in circostanze molto difficili.

Tornando al campo, non ho potuto lavorare per la necessità di prendermi cura dei miei occhi. Ero seccato di non poter contribuire al lavoro della banda.

Nel giro di pochi giorni, il treno ha ripreso a funzionare e ho fatto il viaggio di circa 500 km fino a Orange. Sono arrivato di notte, all'ora in cui c'era una grande partita di calcio. Per questo motivo c'erano molti visitatori da fuori città e tutti gli alberghi erano pieni. Ho chiesto in giro se qualcuno sapeva di un alloggio che potrebbe essere disponibile per la notte.

Alla fine, ho incontrato un utile immigrato polacco in un hotel, che ha detto di avere una stanza in una casa in città. Ha detto che sarebbe stato felice di aiutarmi con un posto dove stare, date le circostanze e il problema con i miei occhi. Era un bravo ragazzo e credeva fermamente che 'noi immigrati dobbiamo restare uniti e aiutarci a vicenda quando necessario'. Questo mi andava bene, e siamo andati a casa sua dove non vedevo l'ora di dormire dopo il mio lungo viaggio.

Dopo alcune ore di sonno, sono stato svegliato da rumori in casa. Uno dei miei ospiti 's polacco 'gli amici 'si era presentato molto ubriaco e aveva iniziato a litigare con lui, ovviamente c'era stato qualche problema tra loro. È stata una lotta infernale e non mi sono fatto coinvolgere. Si urlavano in polacco, di cui non capivo una parola. Cominciai a rendermi conto che le città dell'entroterra potevano essere luoghi selvaggi.

Il mio ospite polacco prevalse, mandando via l'aggressivo ubriacone. Poi si è scusato molto con me. Sono riuscito a dormire un po' prima di cercare lo specialista il giorno successivo. Il dottore mi ha esaminato gli occhi e mi ha detto di continuare con il farmaco. Ha dato istruzioni su come prendermi cura dei miei occhi e ha menzionato la possibilità di danni persistenti.

Ha anche avvertito che la polvere estrema e le tempeste di sabbia intorno a Roto non sarebbero state utili alla mia guarigione e che avrei dovuto cercare un altro lavoro se fossi riuscito a trovarlo, piuttosto che continuare dove mi trovavo con la ferrovia. Sono tornato a Roto con l'intenzione di trasferirmi in un luogo più adatto.

Il mio incontro aborigeno

Mentre ero a Hillston, ho avuto la mia prima comprensione delle difficili circostanze che stavano affrontando gli aborigeni australiani in quel momento. Mentre aspettavo di vedere il dottore, stavo passeggiando su e giù per la strada per passare il tempo e per distogliere la mente dall'irritazione e dalla preoccupazione dei miei occhi. Sono stato avvicinato da un uomo aborigeno, che aveva lavorato molto duramente, tagliando la legna nelle vicinanze.

Mi ha chiesto se potevo fargli un favore e comprargli della birra e del vino dal pub locale, dato che era ancora impegnato, mi ha spiegato, e aveva bisogno di finire il suo lavoro. "Sì", dissi, felice di aiutarlo. Mi ha dato dei soldi e sono andata al pub a comprargli vino e birra.

Beh, quanto ero ingenuo! Quando sono tornato dove l'uomo stava aspettando la sua birra e il suo vino, ho incontrato anche il sergente della polizia locale, che era di pessimo umore. Mi ha chiesto perché stavo comprando alcolici per un uomo di colore e mi ha detto senza mezzi termini, che era contro la legge per un nero comprare alcolici, o farglielo comprare! Ha sequestrato l'alcol e ha avvertito che se fosse successo di nuovo, sarei stato accusato!

Ho spiegato meglio che potevo in un inglese stentato, che ero solo in città in attesa di un appuntamento medico e stavo facendo un favore all'uomo mentre aspettavo. Gli ho detto che, come nuovo immigrato, non avevo comprensione di quella legge e di certo non avrei fatto di nuovo lo stesso errore!

Per un giovane europeo questa è stata una circostanza molto strana e un vero shock trovarsi nel bel mezzo di questa situazione. Non avevo mai incontrato l'idea che un uomo potesse entrare in un pub e comprare un drink, e un altro no, in base all'etnia; ma tale era la vita nell'entroterra australiano negli anni '50.

Presentazione del cibo italiano agli australiani

Gli australiani sono famosi per gustare cibi provenienti da tutto il mondo. Ma quella passione non è sempre stata così! Earnesto ed io abbiamo aiutato a far conoscere il cibo italiano ad alcuni australiani mentre lavoravamo alle ferrovie nel centro del New South Wales.

Il nostro compito era quello di posare la ferrovia, a circa un'ora da Condobolin. La nostra squadra di manutenzione era di sei uomini: noi due italiani e quattro australiani.

Tutto il cibo e i prodotti provenivano da Condobolin, ed Earnesto, essendo un grande cuoco, sapeva dove trovare il cibo gustoso e nutriente che ci piaceva mangiare. Un giorno, al campeggio, Earnesto stava preparando degli spaghetti al sugo delizioso. Aveva un odore così buono ed eravamo tutti affamati. Abbiamo chiesto agli australiani se volevano unirsi a noi per gli spaghetti. Ma tutti dissero: "NON ASSOLUTAMENTE! Non mangiamo quel cibo straniero!"

Non molto tempo dopo, due degli australiani sono tornati a Condobolin, perdendo solo una forte tempesta che ha danneggiato la linea di ritorno a Condobolin. Quattro di noi sono rimasti bloccati in quel campeggio. Fino a quando la linea non fosse stata riparata, nessuno poteva recarsi in città per acquistare scorte di cibo.

Grazie a Earnesto che si era rifornito, avevamo delle provviste, compresi più spaghetti! Gli australiani stavano finendo il cibo. Di nuovo Earnesto chiese: "Ti piacerebbe unirti a noi?" I loro stomaci vuoti li hanno convinti, e con riluttanza hanno detto: "Ok, ne proveremo un po'".

Bene, quel primo boccone è bastato per convertirli alla gioia del cibo italiano! Pulirono i loro piatti e da allora Earnesto fu il loro migliore amico. Gli uomini condividevano le nostre scarse scorte.

Bloccati nella boscaglia, con poche provviste rimaste, iniziammo a preoccuparci. Questo finché una giovane donna di un vicino allevamento di pecore è entrata nel nostro campo a cavallo, si è fermata e ha chiesto: "Hai bisogno di aiuto?". Sapeva che la linea era danneggiata perché una banda lavorava nelle vicinanze e sospettava che altri lavoratori sulla linea potessero aver bisogno di aiuto. I rifornimenti con cui è tornata ci hanno portato fino alla riapertura della linea. I coloni come lei, che vivevano in queste aree remote, si aiutavano a vicenda a sopravvivere. Ovunque sono stato, ho visto la gentilezza delle persone trasparire nell'aiutare gli altri in questo modo.

Da quel primo piatto di spaghetti fino alla fine di quel lavoro, quegli australiani sono diventati grandi amici e ci sono rimasti vicini, soprattutto quando Earnesto cucinava! Volevano sapere come fare, non solo mangiare, cibo italiano.

Quando abbiamo avuto il tempo libero, abbiamo bevuto qualcosa al pub Condobolin. Quei ragazzi si sono divertiti molto e hanno detto a tutti al pub che dovevano provare questa grande invenzione italiana: gli spaghetti! Volevano persino che io e Earnesto aprissimo un caffè!

Anche se non abbiamo perseguito l'idea, sono sicuro che esperienze simili come questa siano state ciò che ha ispirato così tanti giovani migranti italiani ad aprire caffè e ristoranti in Australia. Insieme alle cucine di molti altri paesi, il cibo in Australia non è mai stato più lo stesso, con così tanta diversità e qualità dei prodotti.

Dirigendosi verso Condobolin – NSW

Dopo un altro paio di mesi a Roto, Earnesto ed io trovammo lavoro in un allevamento di pecore di 14.000 ettari vicino a Condobolin, che produceva lana, carne e grano. Questa era una delle più grandi campagne della regione, sempre con molto da fare. Il grano era pronto per la mietitura e c'era bisogno di operai.

Un lavoro che avevamo era ricucire sacchi di grano che era stato raccolto e insaccato da una macchina. Abbiamo caricato le borse sui camion per il trasporto di nuovo ai capannoni di stoccaggio. Poi abbiamo viaggiato con i bagagli in un centro di distribuzione locale e li abbiamo scaricati, pronti per la vendita.

Quando è arrivato il momento della vendita delle pecore, abbiamo aiutato a radunare le pecore su questa e altre proprietà. Abbiamo caricato la lana tosata sui camion per il trasporto e abbiamo pulito i capannoni di tosatura dopo che i tosatori avevano finito il loro lavoro. Gran parte del nostro lavoro consisteva nel dissodare il terreno spingendo e bruciando ceppi. Earnesto era anche il cuoco dei tosatori. Abbiamo lavorato sei giorni alla settimana, facendo tutto il necessario.

Una delle cose sorprendenti dei capannoni del grano erano i serpenti che erano i benvenuti a vivere lì. Gli agricoltori comprarono grandi serpenti da tappeto, che scoprimmo presto essere innocui, per vivere nel capannone per controllare i topi che masticavano buchi nei sacchi per mangiare il grano. Sono certo che questi serpenti erano ben nutriti e hanno fatto un ottimo lavoro in quanto non c'erano molti danni ai topi. C'erano anche cinque cani il cui compito era controllare i conigli.

Ad Ari lavoravamo una terra così fertile che pochi ettari fornivano cibo a molti. Vivere e lavorare su questa enorme stazione è stata una nuova grande esperienza di apprendimento.

L'inglese

Ernest era un migrante inglese che viveva e lavorava alla stazione come secondo in carica. Quasi tutti i sabati guidava un camioncino a Condobolin, con Earnesto e io a bordo, andando a comprare provviste per noi e per gli altri contadini. Siamo stati tutto il giorno a Condobolin, ed Ernesto ed io spesso ci siamo goduti un bicchiere di birra, poi un film al cinema locale.

All'epoca non lo sapevo, ma ho saputo in seguito che gli australiani imprecavano come matti (ma non davanti a donne e bambini). Non ci siamo offesi quando hanno imprecato contro di noi perché non sapevamo che stessero imprecando contro di noi! Riderebbero e poi diventeremmo amici. Nei pub abbiamo appreso che se non volevi litigare, andavi nel soggiorno a mangiare e bere una birra. Se volevi litigare, ti sedevi al bar.

In sella al camion con Ernest, con tanto tempo per chiacchierare, siamo arrivati a capire un po' del suo passato e come è finito in Australia. In precedenza era un proprietario terriero in Inghilterra con sua moglie e un figlio. Ad un certo punto, si ammalò gravemente e credendo di morire, affidò la proprietà della campagna a sua moglie. Ernest si riprese, ma purtroppo il suo matrimonio fallì. Quando ciò accadde, rimase in una situazione difficile, senza una campagna né una casa.

Decise che non poteva più rimanere in Inghilterra ed emigrò in Australia dove trovò lavoro in questo allevamento di grano e pecore a Condobolin. Essendo un agricoltore esperto, Ernest poteva utilizzare tutti i macchinari necessari. Viveva nella casa colonica principale insieme al direttore della stazione. Ernest iniziò a bere molto alcolici, per far fronte alle circostanze della perdita della sua campagna in Inghilterra.

Terminata la stagione della tosatura, gli operai hanno fatto una grande festa da festeggiare, poi sono andati avanti. Il manager della campagna, Lloyd, stava andando in treno a Sydney, per sposare il suo fidanzato, quindi Ernest, Ernesto ed io eravamo gli unici rimasti nella campagna.

Nelle prime ore del mattino dopo la festa, Ernesto ed io fummo svegliati da un graffio alla porta del capannone dove dormivamo. Pensavamo fosse un gatto, ma quando abbiamo aperto la porta abbiamo visto Ernest ferito. Strisciò verso la porta dopo una tremenda caduta dalla veranda del capannone della tosatura. Atterrato su rocce, è stato gravemente ferito con lacerazioni e ossa rotte. Aveva bevuto molto ed eravamo preoccupati per le emorragie interne. Dovevamo portarlo urgentemente da un medico.

beh, che guaio! Dovevamo portare Ernest all'ospedale di Condobolin, ma non c'era nessuno ad aiutarci con il trasporto. Fortunatamente, l'auto di Lloyd era nel garage. Una volta dentro, sapevamo dove erano conservate le chiavi.

Far salire Ernest in macchina è stato difficile perché era gravemente ferito. Earnesto alla fine lo tirò al sicuro sul sedile posteriore. Per fortuna avevo imparato a guidare in Italia, anche se dall'altra parte della strada. Non avevo la patente e questa era la prima volta che guidavo in Australia. Earnesto è rimasto con Ernest nella parte posteriore per aiutarlo a tenerlo fermo.

Siamo andati all'ospedale di Condobolin, dove un medico ha detto che Ernest avrebbe dovuto essere ricoverato per diversi giorni per riprendersi. Dopo di che dovremmo tornare a prenderlo. Abbiamo spiegato che non avevamo telefono o modo di essere contattati perché il responsabile dell'agriturismo era assente per un periodo di tempo sconosciuto. Tornammo alla stazione con la macchina, ed Ernest rimase all'ospedale. Non era in grado di fare nulla per se stesso e aveva bisogno di cure e attenzioni.

Quando siamo tornati alla stazione con Lloyd 's macchina , che dovrebbe essere lì, ma Lloyd stesso! Aveva dimenticato documenti importanti necessari per il matrimonio ed è dovuto tornare a prenderli. Aveva preso un treno per Condobolin e un taxi dalla stazione ferroviaria alla campagna. Mi ha visto guidare la sua amata macchina e si è infuriato, accusandomi di averla rubata. Mi stava urlando contro, dicendo che stava chiamando la polizia per arrestarmi.

Ho aspettato che finisse finché non ho potuto spiegare cosa è successo. Ho chiesto: "Cosa faresti? Ernest morirebbe senza aiuto". Quando ha saputo della storia, si è calmato e ha detto che avrebbe fatto lo stesso, e siamo tornati buoni amici.

Ernest alla fine tornò a casa e dopo molte settimane si riprese abbastanza da iniziare a muoversi e prendersi cura di se stesso. Ci sono voluti un paio di mesi perché le sue ossa rotte guarissero. Earnesto ed io lo sostenevamo il più possibile, cucinandogli i pasti e aiutandolo a fare il bagno. Dopo il suo incidente, Ernest ha smesso di bere. Era molto grato a me e Earnesto per averlo aiutato e ci ha detto che eravamo come i suoi figli.

Più lavori agricoli

Alla fine della stagione della tosatura, Earnesto ed io andammo a lavorare in un'altra campagna, di proprietà della stessa famiglia che possedeva l'allevamento di pecore e grano. Questa campagna aveva grandi mandrie di bovini, un grande gregge di pecore e coltivava piccoli raccolti. Qui abbiamo incontrato un italiano sardo, Leonardo Murrudo.

La campagna si basava su un terreno ricco e aveva un buon approvvigionamento idrico, essendo situata sul fiume Lachlan. Il fiume era pieno di pesci che erano ottimi da mangiare. Abbiamo alloggiato in capanne lungo il fiume.

Insieme, abbiamo lavorato duramente e noi tre abbiamo coltivato un'enorme quantità di fagioli, pomodori, peperoni, patate e lattuga. Leonardo si è accordato con il manager per vendere i prodotti localmente a Condobolin e saremmo stati pagati quando i prodotti fossero stati venduti.

Questa è stata la mia prima esperienza del crepacuore della piccola produzione agricola. Nel momento in cui avevamo bisogno del camion agricolo per portare i prodotti sul mercato, il manager è stato coinvolto in un incidente con il camion, che è stato cancellato. Senza trasporto, non siamo stati in grado di vendere i nostri prodotti. La nostra impresa è fallita, non siamo stati pagati ed era ora di trovare un nuovo lavoro.

Earnesto ed io siamo passati a un'altra opportunità agricola e Leonardo è andato a Condobolin perché aveva l'idea di aprire un caffè. Questo non accadrà, e non passò molto tempo prima che vedessimo di nuovo Leonardo. Leonardo ed io siamo diventati molto amici e molti anni dopo ho chiamato il mio figlio più giovane dopo di lui.

Agricoltori d'uva

Con questa piccola impresa agricola fallita alle spalle, Earnesto ha organizzato un'altra opportunità di coltivare l'uva in una proprietà a circa 30 miglia da Mildura. Pensava che questa potesse essere un'opportunità per noi di andare avanti perché il proprietario stava cercando uomini per operare come mezzadri. Ancora una volta questo significava condividere i profitti quando i prodotti venivano venduti. Siamo saliti a bordo di un piccolo aereo da Parkes a Mildura, quindi siamo andati a incontrare il proprietario della proprietà per organizzare l'inizio dei lavori. È stato allora che ho scoperto che non ero solo cattivo con i viaggi in mare, ma anche con i viaggi in aereo di piccole dimensioni, essendomi ammalato durante il viaggio.

Siamo arrivati e abbiamo incontrato il proprietario, sua moglie e la famiglia, ed è stato concordato che Earnesto ed io avremmo assunto la gestione del vigneto a Mildura. Quella regione è eccezionale per la coltivazione dell'uva e con la nostra esperienza agricola eravamo fiduciosi di poter produrre un raccolto di successo.

Come tante cose nella vita, tu non so se avrai successo finché non ci proverai, ma la coltivazione dell'uva si è rivelata un'altra impresa fallita . Questa volta perché, come abbiamo scoperto, il nostro ospite aveva problemi di salute mentale a causa delle sue esperienze come soldato nella seconda guerra mondiale.

Quando stava bene, era fantastico e abbiamo avuto molte conversazioni interessanti, inclusa la guerra. Ricordo le sue opinioni su quanto fosse stupido Mussolini a invadere l'Africa. Non abbiamo avuto disaccordo su questo punto! Ma quando non stava bene, poteva essere offensivo e violento. Fu allora che mi resi conto che la guerra non colpiva solo le vittime come noi, ma anche i vincitori come questo povero soldato tornato.

La moglie del nostro ospite ha cercato molto duramente di convincerci a restare, ma non eravamo preparati ad essere maltrattati, quindi siamo partiti dopo solo un paio di mesi.

Campioni d'uva a Mildura
Ci siamo trovati nella città di Mildura con la sfida di pianificare la nostra prossima mossa per trovare lavoro. I nostri soldi erano molto bassi perché non siamo stati pagati per i nostri ultimi due lavori. La nostra prossima avventura nella lavo-

razione dell'uva a Mildura ha avuto molto più successo, ed Earnesto ed io abbiamo persino vinto una gara di vendemmiatori di una settimana che ci ha fruttato 30 sterline.

In questa nuova campagna, abbiamo lavorato per una stagione di raccolta. Ogni giorno iniziavamo a raccogliere quando potevamo vedere i grappoli e ci fermavamo quando non potevamo vedere i grappoli. Tra noi raccoglievamo 2-300 casse di uva al giorno. Earnesto era i muscoli. Ha issato i cartoni sul trattore che ho guidato per immergerli in una soluzione per immersione. Quindi i grappoli sono stati stesi su grandi vassoi di legno prima di essere confezionati per il mercato.

Eravamo una grande squadra ed eravamo entusiasti di vincere la competizione di tutti i raccoglitori della zona. Queste competizioni sono state un'idea intelligente dei proprietari dell'azienda agricola perché significava che le squadre lavoravano più duramente e più velocemente cercando di raccogliere più uva rispetto alle altre squadre.

Miniera di carbone di North Yallourn

Dopo che questo lavoro è finito, Earnesto ed io abbiamo valutato le nostre opzioni e abbiamo pensato di andare in Tasmania dove abbiamo sentito che c'era lavoro nelle miniere. Earnesto voleva andare in Tasmania, ma io non volevo tornare di nuovo su un aereo!

Alla fine, ci siamo diretti a Melbourne e abbiamo fatto domanda di lavoro ovunque potessimo. Ben presto si è presentata una posizione a breve termine in una miniera di carbone a

North Yallourn, 150 km a sud-est di Melbourne, quindi siamo partiti.

Earnesto e io ci siamo davvero divertiti a lavorare nella miniera. È stato un lavoro duro, ma una bella esperienza. Il salario era buono, il che ci ha risollevato il morale, inoltre erano contanti in mano. Sono stati forniti buoni pasti, quindi non abbiamo dovuto cucinare per noi stessi. Dopo il lavoro, molti dei minatori si sono riuniti per suonare musica che ci è piaciuta molto.

C'era anche una scuola di lingua inglese dove i migranti venivano aiutati a migliorare il loro inglese. Earnesto ed io abbiamo sfruttato appieno questa opportunità. Uno dei gestori della miniera era un uomo italiano che si è preso cura di noi e ci ha insegnato molte cose sull'industria mineraria. Ho anche iniziato a offrire tagli di capelli gratuiti ad altri lavoratori che hanno contribuito a costruire amicizie.

Diga di Burrinjuck – perforazione di esplosivi

Dopo tre mesi trascorsi nella miniera di carbone, abbiamo sentito dell'offerta di lavoro alla diga di Burrinjuck, sul fiume Murrumbidgee, vicino a Yass, nel sud-ovest del New South Wales. Sono stati necessari grandi lavori per riparare e rafforzare il muro della diga, originariamente costruito negli anni '20. È stata una decisione difficile restare o andare perché il lavoro era buono e il nostro manager voleva che rimanessimo. Ma il lavoro alla diga di Burrinjuck pagava il 50% in più della miniera perché era considerato un lavoro pericoloso. Alla fine, abbiamo deciso di essere in Australia per andare avanti. All'inizio del 1954, salutammo i nostri amici di North Yallourn per cercare lavoro sul progetto della diga di Burrinjuck.

Siamo arrivati al sito della diga e siamo andati in ufficio chiedendo lavoro. Ci è stato spiegato che entrambi avremmo potuto avere un lavoro, ma a quel punto c'era solo bisogno di trivelle. Così, abbiamo iniziato a lavorare come perforatori per esplosivi di dinamite e gelignite, utilizzati per produrre basi di roccia. La base in roccia è stata frantumata e poi utilizzata per rinforzare il calcestruzzo per le pareti della diga.

La perforazione ha comportato la lavorazione di cenge su pareti rocciose inclinate a cui si accede indossando apposite cinture ed essendo calati lungo la parete rocciosa su funi. Abbiamo perforato la sporgenza della parete rocciosa e posizionato le cariche di dinamite. Una volta su una certa cengia, abbiamo dapprima perforato, utilizzando una serie di trapani a tappe, per raggiungere una profondità di circa 6-8 metri per ogni foro. Con i buchi fatti, siamo risaliti sulle corde fino alla cima della sporgenza per prendere le cariche. Poi l'abbiamo fatto di nuovo, scendendo lungo la parete rocciosa fino alla sporgenza, in modo da poter mettere le cariche nei fori, pronti per essere esplosi in seguito.

L'area della parete rocciosa da far saltare era di circa 4 metri di larghezza e 8 metri di profondità e richiedeva fino a 20 cariche in quella sezione di parete rocciosa. Per cominciare, sarebbe con noi anche un esperto sulla cengia, a supervisionare il corretto posizionamento delle cariche nei fori e il collegamento dei fusibili.

Alla fine, siamo diventati esperti in esplosivi e siamo riusciti a svolgere questo compito da soli, preparando tutto per l'esplosione inserendo gelignite nei fori. Abbiamo collegato dei cavi che collegavano le cariche di gelignite insieme e poi a un singolo cavo collegato al detonatore. Questa linea univa il detonatore con tutte le cariche e quella era l'ultima fase di preparazione per l'esplosione.

Quando tutto era pronto, un altro esperto ha fatto esplodere gli esplosivi una volta che il sito è stato ripulito. Un forte campanello suonò prima della detonazione e si prese cura di assicurarsi che tutti fossero lontani dal luogo dell'esplosione. La campana ha anche avvisato tutti nella miniera di aspettarsi un'esplosione in modo che i lavoratori non fossero scioccati o spaventati.

Una volta esplosa, la roccia sarebbe caduta sul fondo della fossa dove enormi caricatori caricavano le macerie sui camion per essere trasportate per la trasformazione in cemento. Poi abbiamo iniziato a lavorare sulla prossima sporgenza da demolire.

Abbiamo fatto questo lavoro per circa 10 mesi. A quel punto, è stato reperito materiale sufficiente per i lavori di riparazione richiesti sulla diga. Dopo i lavori di sabbiatura, siamo stati coinvolti nella costruzione del massiccio telaio necessario per fissare il muro della diga in preparazione del getto di cemento per puntellare il muro. Dopo che il muro è stato riparato, abbiamo lavorato alla costruzione delle barriere di sicurezza in cemento lungo la parte superiore del muro della diga.

Il lavoro alla Diga di Burrinjuck è stato positivo per me e Earnesto. Stavamo imparando molto e presto siamo stati considerati operatori capaci. È così che, dopo un paio d'anni di lavoro alla diga di Burrinjuck, sono passato dalla perforazione dei fori per gli esplosivi all'attività di supervisore della squadra di lavoro.

Nel nostro tempo libero mentre vivevamo a Burrinjuck e lavoravamo alla diga, noi italiani andavamo nella città più vicina, Yass, non lontano da Canberra. Uno dei miei compagni di stanza a Burrinjuck, era un italiano di nome Guillermo, o William, in inglese. William e io abbiamo acquistato una nuova auto insieme, una piccola Ford Anglia a due porte del 1953, che sarebbe diventata una parte importante delle nostre esperienze future. Earnesto nel frattempo aveva acquistato una moto. Andavamo tutti e tre da Yass al cinema, cenando e ascoltando musica dal vivo.

Il progetto di riparazione della diga di Burrinjuck alla fine si è concluso e anche le squadre di lavoro hanno terminato. Era tempo di cercare una nuova opportunità. Abbiamo fatto una grande festa con tutta la squadra di lavoro quando abbiamo finito e ci siamo salutati intorno al maggio 1955.

Avventura di taglio del legname fallita

Mentre il nostro tempo alla diga di Burrinjuck stava volgendo al termine, Earnesto e William decisero di perseguire diverse opportunità. Earnesto voleva unirsi a suo fratello allo Snowy Mountain Scheme e William voleva indagare su un contratto di taglio del legname a Queanbeyan, nel Nuovo Galles del Sud, non lontano da Canberra.

Decisi di unirmi a William, il che significava che dovevamo trovare il nostro camion per trasportare il legname alla segheria. William ed io siamo andati a Sydney per questo motivo e abbiamo concordato verbalmente con un concessionario di acquistare un camion da 10 tonnellate. Dopo questo, ci siamo recati a Queanbeyan per finalizzare i termini del contratto di taglio del legname con la segheria. Ma quando siamo tornati a Sydney per comprare e ritirare il camion, il concessionario aveva rinnegato l'accordo. Molto probabilmente ha ricevuto un'offerta migliore e non avevamo un contratto scritto per tenerlo d'accordo.

Dopo il fallimento dell'impresa di taglio del legname, William ed io decidemmo di unirci a Earnesto e suo fratello e trovare lavoro nello Snowy Mountain Hydro-electric Scheme. Sapevamo che i migranti di tutto il mondo lavoravano lì, costruendo l'infrastruttura per reindirizzare l'acqua dalle Snowy Mountains, usando diverse dighe per creare energia idroelettrica. L'acqua è stata quindi fornita allo schema di irrigazione Murrumbidgee.

Come spesso è successo nella mia vita, il destino è intervenuto. Si è scoperto che la nostra macchinina non era adatta per le strade delle montagne innevate, con le loro buche, paludi e grandi rocce. Questo ci preoccupava e le nostre strade sono cambiate di nuovo quando abbiamo appreso dell'opportunità di tagliare la canna da zucchero a Ingham, nel North Queensland.

Con dolore, William ed io abbiamo salutato Earnesto, il fantastico amico con cui avevo condiviso tante nuove esperienze. Ci siamo tenuti in contatto e dopo, quando sono andato a Sydney, ci siamo visti. Earnesto e suo fratello sono diventati esperti nella costruzione di cemento e hanno continuato a creare un'impresa di appalti di successo e hanno fatto molto bene per se stessi come nuovi Australiani.

Aiuto ai giovani migranti

Guardando indietro a queste iniziative in Australia nei primi anni '50, che si tratti di successi o fallimenti, sarebbe facile trascurare quanto fosse difficile fare qualsiasi cosa in un paese straniero, senza una padronanza fluente della lingua.

La realtà è che per i giovani migranti come me, non saremmo andati molto lontano senza l'aiuto degli australiani locali o dei migranti di lingua inglese come gli inglesi.

Un senore Inglese chiamato Tom e la sua moglie, che ho incontrato alla diga di Burrinjuck, sono stati incredibilmente disponibili e amichevoli con me e altri giovani migranti non di lingua inglese. Tom e sua moglie erano personale di alto livello presso la diga di Burrinjuck e si sono presi la responsabilità, nel tempo libero, di aiutarci il più possibile.

E stato Tom a portare William ed io a Sydney per cercare di comprare il camion per l'impresa del legname.

Ci ha anche aiutato a negoziare l'accordo iniziale per ottenere il contratto di taglio del legname e acquistare il camion. Era molto arrabbiato quando quella ditta in seguito ha rinnegato l'accordo e ha fatto del suo meglio per costringerli a riconsiderare. È un tema comune del mio libro, che nei giorni pionieristici dell'Australia, persone come me sono sopravvissute e hanno prosperato, in modo significativo grazie all'aiuto degli altri. Ricorderò per sempre l'aiuto che queste persone gentili hanno dato a me e ad altri giovani migranti dell'epoca.

Taglio della canna da zucchero a Ingham, Queensland

Prima di lavorare a Burrinjuck, William aveva già trascorso una stagione a Ingham tagliando canna. È diventato un ganger (supervisore) di una squadra di taglio. Questo è stato utile perché conosceva già le corde. Fu così che mi trasferii a Ingham alla fine dell'inverno 1955 per tagliare la canna.

In questi giorni, la raccolta della canna da zucchero è tutta meccanica. A quei tempi, ogni bastone di canna veniva tagliato a mano, usando un coltello affilato simile a un machete. Tagliamo la canna da luglio a ottobre, lavorando sodo perché siamo stati pagati dal volume di canna che abbiamo raccolto. Vivevamo in una casetta di legno che aveva una cisterna per l'acqua potabile, ma senza elettricità. Per cucinare e illuminare, abbiamo usato carburo di carburo. Per il lavaggio abbiamo avviato una pompa a gasolio e utilizzato acqua di trivellazione. Avevamo solo poco tempo per tagliare la canna, tra forti piogge, quindi lavoravamo lunghe ore, il che ci lasciava poco tempo per fare altro se non cucinare, pulire e dormire.

A quei tempi, i campi di canna venivano bruciati prima di tagliare la canna. Gli incendi sbarazzarono serpenti e topi e resero più facile tagliare la canna; ma ha causato l'erosione e rimosso i nutrienti dal terreno.

I nostri vestiti puzzavano sempre come il fumo e non importa quanto facessimo il bagno, anche noi! Il fumo della canna da zucchero ha lasciato un residuo appiccicoso di canna che si è attaccato ai nostri vestiti e alla nostra pelle. Abbiamo passato molto tempo a lavare noi stessi e i nostri vestiti prima che arrivasse il lavoro del giorno successivo.

Molte delle campagne di canna da zucchero nel Queensland settentrionale erano di proprietà di italiani, e lo sono ancora oggi. La maggior parte erano immigrati che hanno iniziato come tagliatori di canna e sono rimasti per poi possedere le proprie campagne. Che siano rimasti nell'industria della canna o meno, gli italiani e altri lavoratori immigrati negli anni '50 si sono guadagnati la reputazione di lavoratori affidabili e instancabili.

Il duro lavoro, i serpenti, le vesciche e il fumo soffocante che facevano parte della vita nelle campagne di canna non erano per tutti. Un uomo italiano appena arrivato, che ho incontrato a Ingham, ha appreso che a causa delle barriere linguistiche non era ricercato nella campagna dove pensava di lavorare.

L'ho invitato alla campagna dove lavoravo, pensando che potesse unirsi al nostro equipaggio. Lo ha fatto, ma è durato solo poche ore. Non essendo abituato al lavoro fisico, le sue mani si riempirono di vesciche e sanguinarono per aver usato il machete. Penso che la sua unica esperienza di taglio della canna sia stata sufficiente per convincerlo a tornare in Italia.

Nel North Queensland in questo periodo non molti giovani immigrati avevano un'auto. L'auto che ho posseduto con William ci ha dato la meravigliosa libertà di viaggiare.

Un giorno, William stava guidando a Ingham quando ha avuto un incidente d'auto. È stato in ospedale per un paio di giorni. L'auto era gravemente danneggiata e ci dissero che avrebbe dovuto essere spedita in treno a Townsville per la riparazione perché nessuno a Ingham poteva ripararla.

La stagione della canna era quasi finita perché le forti piogge avevano ridotto la qualità e il prezzo della canna. Come molti altri immigrati italiani, ho deciso di recarmi a Mount Isa nel Queensland occidentale per lavorare nelle miniere dopo la stagione della canna. William voleva viaggiare a sud per sfuggire al caldo.

Eravamo d'accordo che avrei comprato la quota dell'auto di William. Il problema era che i progressi nella riparazione dell'auto erano lenti, a causa, ci è stato detto, di parti provenienti dall'Inghilterra. A causa del ritardo, sono andato al Monte Isa prima che l'auto fosse riparata.

In questo momento, volontari e operatori del Consolato italiano erano a disposizione per aiutare gli immigrati. A Townsville, ho beneficiato molto di una meravigliosa signora italiana che ha lavorato per mio conto per far riparare l'auto. Dopo molti mesi questa gentile signora mi ha avvisato che l'auto era pronta per il ritiro. Tornai a Townsville il prima possibile per ritirare l'auto. Fino ad oggi, non sono sicuro che avrei mai visto di nuovo l'auto se non per quella meravigliosa signora.

Non avevo ancora una patente australiana. Solo dopo aver lavorato in miniera per alcuni mesi ho ottenuto la patente per guidare legalmente.

Monte Isa – al lavoro nelle miniere
Era la fine del 1955 quando mi recai al Monte Isa. A causa della mia formazione ed esperienza con gli esplosivi, mi è stato offerto un lavoro in miniera. Anche se avevo esperienza, ho dovuto completare tre mesi di formazione retribuita e poi

testare le mie capacità prima di poter iniziare a lavorare. Superando il test, ho iniziato a lavorare come minatore, lavorando nel sottosuolo in diversi lavori.

C'erano nove uomini nella nostra squadra e lavoravamo insieme in tre, in turni di 8 ore. La squadra lavorava 24 ore al giorno, con gli uomini che si scambiavano al termine di ogni turno. A volte guidavo il treno che trasportava il minerale, un altro giorno guidavo un caricatore per scaricare i camion, un altro giorno perforavo e preparavo esplosivi. I lavori sono stati ruotati tra tutte le squadre di lavoro.

Le miniere del Monte Isa erano un'operazione enorme con circa 1.000 uomini. Anche in quei giorni, la salute e la sicurezza erano un grosso problema. Con così tanti lavoratori, c'era bisogno di sapere in quale sezione si trovava ogni lavoratore nel sottosuolo. Tutti i cantieri avevano grandi tabelloni che contenevano una tessera per ogni lavoratore, con il numero di quella persona. Ogni uomo doveva girare la sua carta per mostrare quando si trovava in una certa area. Quando ha lasciato quell'area, ha girato di nuovo la sua carta. Se andavi in mensa, capovolgevi il numero, indicando che eri in mensa e non sottoterra. Quando sei tornato a una certa sezione di lavoro, hai girato di nuovo la tua carta. In questo modo, se si verificava un grave incidente sotterraneo, come un'esplosione o un pozzo crollato, la direzione sapeva dove si trovavano le persone e poteva capire chi poteva essere intrappolato o disperso.

Le miniere erano enormi spazi sotterranei di grande altezza. In ogni sezione, grandi nastri trasportatori operavano 24 ore al giorno, trasportando il minerale fuori dalle miniere. Una volta estratti, i minerali venivano fusi in paci, pronti per essere venduti in Australia e all'estero.

La paga alle miniere si basava su quanto materiale veniva estratto. Le squadre che hanno estratto più minerale di altre potrebbero guadagnare più soldi. Le mie squadre hanno sempre fatto molto bene.

Una delle cose che ricordo ancora è quanto fosse cattivo il cibo nelle mense della miniera. Ad essere onesti con i cuochi, sarebbe stato difficile fornire buoni pasti senza ingredienti freschi o frigoriferi. La carne era tutta conservata e quasi nulla era fresco.

A quel tempo, c'era un caffè della miniera fuori dalle aree minerarie, ma non c'era abbastanza tempo per raggiungere il caffè quando si lavorava sottoterra. Nei giorni liberi ho potuto visitare questo caffè. Il menu prevedeva un solo pasto: bistecca e uova! Ho pensato che fosse semplicemente fantastico, dato che il cibo era tutto fresco.

Durante la mia permanenza al Monte Isa, con altri lavoratori italiani, ho vissuto in una casa privata di proprietà di una famiglia italiana. Ho studiato inglese tre sere a settimana e ho continuato a tagliare i capelli nel mio tempo libero per soldi extra.

Non sapevo che un giorno un incidente sul lavoro, proprio mentre stavo finendo un turno sottoterra, avrebbe cambiato la mia vita in miniera. Un irlandese ha chiesto aiuto per sollevare dei tubi pesanti. Mentre li trasportavamo, non è stato in grado di reggere la sua estremità e ha lasciato cadere i tubi. Mi sono rotto due dita e ho stirato alcuni muscoli, rendendo impossibile il mio normale lavoro di estrazione.

La direzione mi ha dato lavori che potevo gestire mentre le mie dita guarivano. Ciò includeva macchinari per la verniciatura e il montaggio di ventilazione dell'aria e tubi dell'acqua sotterranei.

Non c'erano lavoratori "compensazione in quei giorni, e anche se ci fosse, non avrei mai sentito parlare di una cosa del genere. Se eri fortunato, come me, la direzione avrebbe trovato un lavoro adeguato mentre gli infortuni guarivano, così i lavoratori infortunati potevano continuare a guadagnare denaro.

Mi è piaciuto molto il lavoro di raccordo dei tubi e l'opportunità di apprendere molte utili abilità di montaggio e tornitura che mi sarebbero state utili quando sarei tornato all'agricoltura anni dopo.

Come molti migranti, abbiamo lavorato duramente per risparmiare denaro. Alcuni li abbiamo rispediti alle nostre famiglie e altri li abbiamo conservati per il nostro futuro, sia nel nostro nuovo paese che nei nostri vecchi paesi. Per me era essere nel mio nuovo paese, l'Australia.

Incontro con mia moglie Betty

Poco dopo il mio arrivo in Australia nel 1952, iniziai una corrispondenza con Assunta, una giovane italiana del mio villaggio. Ci siamo scambiati lettere per circa quattro anni e, per essere un giovane migrante con nostalgia di casa, ho apprezzato questo legame con la mia casa.

Il tempo è passato e la nostra corrispondenza è diventata più di una semplice notizia da casa. Con la benedizione di entrambe le famiglie, abbiamo deciso di sposarci per procura. Il matrimonio sarebbe avvenuto in Italia, con Assunta lì e io in

Australia. Mio fratello sarebbe rimasto al mio posto. Un matrimonio per procura significherebbe che Assunta potrebbe emigrare in Australia come mia moglie. Stavo per sposare una ragazza che conoscevo appena.

In vista della data del matrimonio, mia sorella Isolina ha sviluppato gravi problemi di salute. Aveva bisogno di un'operazione e la sua guarigione sarebbe stata lunga. Per questo motivo, il matrimonio è stato rinviato e una nuova data sarebbe stata fissata dopo che Isolina si sarebbe ripresa. Credo che fosse destino che questo matrimonio non andasse mai avanti. Il cuore di Assunta era nel vecchio paese, e di lì conobbe un uomo e si sposò.

Per me, a metà del 1956, ho incontrato una bella donna di nome Betty Putland che sarebbe diventata mia moglie. Betty è cresciuta a Magnetic Island vicino a Townsville. Ci siamo incontrati quando lavorava in un negozio a Mount Isa, di proprietà di sua sorella Lorna e del cognato George McGregor. Stavo facendo la spesa quando ci siamo incontrati, e dopo ho trovato molti motivi per fare shopping!

Verso la fine del 1956, a Melbourne si tenevano i Giochi Olimpici estivi. Lorna e George progettarono di andare e mentre erano via, Betty si prese cura del negozio e dei tre figli di Lorna e George. Betty era una gran lavoratrice e io e il mio amico Leonardo l'abbiamo aiutata dove potevamo.

Il nostro rapporto si approfondì e Betty e io ci sposammo nella chiesa cattolica di Mount Isa nel gennaio del 1957. Lorna era la matrona d'onore di Betty e il mio amico Leonardo era il mio testimone. L'Australia era ora la mia casa, la nostra casa.

Betty è stata addestrata come ostetrica e si è sempre presa cura delle persone. Adora i neonati e i bambini e molte volte ha aiutato le madri del nostro quartiere che erano in difficoltà e avevano bisogno di aiuto. Oltre a crescere i nostri cinque figli, rimane attiva con i nostri nipoti e ora i pronipoti. È un'ispirazione: una gran lavoratrice e una donna meravigliosa, moglie e madre.

È ora di lasciare il Monte Isa

Il monte Isa è stato buono con me: ho conosciuto mia moglie e avevo un buon lavoro. Ero felice di stare lì e speravo di cogliere l'occasione per acquistare una casa con appartamenti annessi per l'alloggio dei lavoratori. Il monte Isa era una città in forte espansione e gli alloggi erano molto richiesti. Nonostante i nostri posti di lavoro e le buone prospettive, non avevamo la storia bancaria necessaria per garantire il grande prestito per acquistare le proprietà. Dopo che questo è fallito, Betty e io abbiamo iniziato a pensare ad altre opportunità.

Durante la mia permanenza a Mount Isa, ho sponsorizzato mio fratello, Antonio, per la migrazione in Australia, con sua moglie Giuseppina e due giovani figli da seguire il prima possibile. Sponsorizzare significava rivolgersi all'Australian Immigration Department e promettere sicurezza ai migranti quando arrivavano in Australia. Alla fine del 1956 Antonio era arrivato a Sydney e presto aveva trovato lavoro. Erano passati più di quattro anni da quando eravamo insieme, ed ero così ansioso che ci riunissimo.

Nel marzo 1957 salutammo la famiglia e gli amici a Mount Isa e stavamo andando a Sydney. Townsville e Magnetic Island sono state la nostra prima tappa.

Prima di essere a Mount Isa, Betty ha lavorato come ostetrica a Townsville. Sua madre, anche lei di nome Lorna, e due fratelli minori, Frank e Rex, vivevano ancora nella loro casa di famiglia a Magnetic Island. Dopo che ci siamo sposati, Betty desiderava tornare a casa sua e presentare il suo nuovo marito alla sua famiglia.

Poiché la Ford Anglia era così inaffidabile, la prima parte del nostro viaggio da Mount Isa a Townsville era in treno, portando Betty, me e la nostra macchina. Da Townsville, abbiamo preso il traghetto per Magnetic Island. Betty diceva sempre di essere cresciuta su un'isola paradisiaca e aveva ragione. Abbiamo usato questo tempo con la famiglia per rilassarci e abbiamo deciso di trasferirci a Sydney, sia per riunirci con Antonio che per cercare lavoro.

Il nostro viaggio a Sydney è stato lungo e difficile perché la nostra macchina stava ancora causando problemi. Dopo un paio d'ore di guida si è surriscaldata e ci siamo fermati ancora un paio d'ore per lasciarla raffreddare prima di ripartire. Per questo motivo, ci sono voluti alcuni giorni per arrivare a Sydney. Ci siamo accampati vicino alla strada lungo la strada, che era una cosa comune da fare allora.

Alla fine siamo arrivati a Sydney e siamo stati ad Antonio 's piccola casa in affitto, proprio vicino a una linea ferroviaria. Quando i treni passavano, l'intera casa tremava per le vibrazioni. Questo non era un problema durante il giorno, ma di notte era impossibile dormire bene!

È stato meraviglioso avere mio fratello in Australia ed essere di nuovo unito a lui. Stava lavorando sodo come sempre, cinque giorni alla settimana e nei fine settimana con l'obiettivo di portare la sua famiglia dall'Italia a unirsi a lui. Sono rimasto impressionato dal modo in cui Antonio si è ambientato a Sydney. Con lui che era così impegnato, oltre allo shock di trovarsi in una città così grande e rumorosa, dopo poche settimane Betty e io decidemmo di tornare nel Queensland.

A quel tempo, Betty 'Il fratello maggiore di John e sua moglie, anche lei Betty, vivevano in una zona rurale alla periferia di Brisbane chiamata Narangba, su 4 ettari di terreno. Abbiamo deciso di andarci mentre pianificavamo il nostro prossimo passo.

Con grande dispiacere nel lasciare Antonio, ma con entusiasmo nell'uscire da quella casetta vicino alla ferrovia, partimmo per Narangba. Come si è scoperto, una volta arrivati lì, non ce ne siamo più andati, e siamo ancora qui dopo 64 anni!

Narangba e la campagna

Siamo stati con John, Betty e il loro figlio Billy, nella loro casa con una camera da letto, vicino alla cittadina di Narangba. Narangba aveva una stazione ferroviaria, una scuola elementare, un piccolo negozio e alcune case. Vivevamo su una strada sterrata che attraversava la boscaglia nativa. La pista collegava Narangba a Old Gympie Road, che a quel tempo era la strada principale da Brisbane al North Queensland.

All'epoca, la Betty di John era incinta della loro figlia, e la mia Betty era incinta del nostro primo figlio. Il nostro letto era un materasso su una porta, che mettevamo sopra la vasca da bagno ogni notte.

Dopo poco tempo acquistammo da John e Betty un appezzamento di terreno di un ettaro, un po' più vicino al centro del paese. Tutti insieme, siamo stati con loro per circa tre mesi. Abbiamo trascorso le nostre giornate iniziando la nostra nuova casa nel nostro isolato, che alla fine è diventata quella che la famiglia ora chiama "The Farm".

La prima cosa da fare è stata costruire un bagno! Abbiamo posato una lastra di cemento, poi tre muri e mezzo di amianto, una porta e un tetto di ferro. Un sedile del acqua in legno era posizionato sopra una padella che doveva essere svuotata regolarmente. Non c'era carta igienica, solo ritagli quadrati di giornale infilati nello spago e appesi. Una bottiglia di Phenyl era tenuta a portata di mano per la disinfezione. Dopo che abbiamo ottenuto il settico, il piccolo gabinetto è stato utilizzato come ripostiglio per i bambini e come deposito per il giardino.

Non abbiamo avuto fortuna nel trovare un muratore per costruire la nostra casa. I costruttori di Brisbane si sono rifiutati di viaggiare fino a Narangba. In effetti, un uomo ha detto che Narangba era la fine del mondo e ci ha consigliato di vendere e di spostarci più vicino alla città! Oggi, il confine di Brisbane si estende ben oltre Narangba, ma quando ci siamo stabiliti qui, circa 20 km di cespugli e terreni agricoli li separavano.

Non c'era altra scelta che iniziare a costruire noi stessi. Abbiamo acquistato materiali di base, tra cui cemento e mattoni, e raccolto sabbia e ghiaia dai bordi delle strade. Iniziata la costruzione della casa. Ci siamo trasferiti nella nostra casa nella fase in cui potevamo mettere il tetto in ferro attraverso i muri di mattoni per darci una protezione di base quando dormivamo. Se pioveva, cercavamo di dormire in macchina. Il nostro primo figlio Anthony (Tony) è nato mentre vivevamo ancora sotto il rifugio di latta.

Due problemi che abbiamo avuto nei primi giorni sono stati i serpenti velenosi e le orde di zanzare. Più tardi, quando abbiamo preso una mucca, abbiamo bruciato il letame di mucca vicino ai mucchi, cercando di fumare via gli insetti fastidiosi e pungenti.

Tornando all'edificio, un gentile vicino, Angus McPhail, ha realizzato e montato le nostre porte e finestre. Mi sarebbe piaciuto il suo aiuto per tutta la casa, ma gestiva un'azienda agricola e di consegne senza tempo da perdere. Siamo stati molto grati per l'aiuto che ci ha dato.

Man mano che la famiglia cresceva, cresceva anche la nostra casa. Quando abbiamo finito di costruire, la nostra casa era di 9 metri quadrati con cucina, soggiorno, camino e due camere da letto. In vent'anni sono state aggiunte altre stanze. La nostra casa ci ha servito bene, ma quando è arrivato il momento di andare in pensione, abbiamo pensato di renderla più confortevole. Questa volta, un muratore ha fatto il lavoro. Ha ampliato la zona giorno, aggiunto patii sul retro e sul davanti, un altro bagno, la mia stanza della musica e una lavanderia.

Mentre accadeva questo, io e Betty abbiamo dormito ancora una volta un po' male. Ci siamo trasferiti in un ampio garage che è stato utilizzato per lo stoccaggio. Il garage era un grande edificio con un soffitto rivestito. È stato progettato per essere convertito in un appartamento della nonna e forse una casa per uno dei nostri figli. Molti anni dopo che l'abbiamo usata come casa temporanea, i nostri figli, Tony e Len, l'hanno trasformata in due appartamenti. Per ora mia figlia Linda e suo marito Iain vivono in un appartamento, mentre i contadini stanno nell'altro.

Tornando al 1957, quando ci siamo trasferiti per la prima volta a Narangba, John e Betty volevano tornare a Townsville dopo la nascita della loro figlia. Abbiamo comprato gli altri tre paci di un ettaro di John e Betty, concordando un valore di circa 600 sterline. Abbiamo pagato usando la maggior parte dei nostri risparmi e la Ford Anglia, che ha dato a John e Betty il trasporto a Townsville.

Quasi sei anni dopo essere emigrato, sono diventato un proprietario terriero in Australia. Anche se non avevamo l'acqua della città (che è arrivata molti anni dopo) o l'elettricità (che è arrivata due anni dopo), quella era la nostra terra, e la nostra visione era diventare agricoltori.

Diventare nazionalizzati e costruire la campagna

Come aveva detto mio padre, non c'era modo di guardare indietro. L'Australia era ormai la mia casa. Quando sono arrivato, la politica del governo prevedeva che i migranti dovessero lavorare per tre anni prima di poter essere nazionalizzati. Questa politica ha incoraggiato le persone a stabilirsi e lavorare in luoghi regionali.

Con l'aiuto del mio vecchio supervisore a Mount Isa Mines, ho ottenuto i documenti del registro di lavoro e ho chiesto la cittadinanza. La mia domanda fu accolta e fui nazionalizzato a Caboolture, durante una cerimonia con il Premier del Queensland, nel dicembre 1958, sei anni e mezzo dopo aver messo piede in questo nuovo paese. Per diventare cittadino australiano, dovevo rinunciare alla mia cittadinanza italiana e giurare fedeltà alla Regina. Con l'amore del mio vecchio paese nel mio cuore, questa è stata una cosa difficile da fare, ma anche così, è stato con orgoglio e speranza che ho prestato questo giuramento. Oggi tutta la mia famiglia è cittadina italiana, ma io no!

Dopo aver acquistato il terreno, i nostri risparmi erano quasi finiti. La nostra sfida ora era come costruire una campagna funzionante con i soldi che ci erano rimasti.

Dipendevamo dalla pioggia per la nostra fornitura di acqua potabile e non riuscivamo a raccogliere l'acqua in un serbatoio di acqua piovana fino a quando non fosse stato costruito il tetto della casa e non fossero state messe le grondaie. Nel frattempo, abbiamo utilizzato strutture di copertura in ferro per far scorrere l'acqua piovana nei contenitori. Quando il tetto è stato terminato, la nostra sfida successiva è stata quella di preparare l'acqua per l'agricoltura.

Quando l'abbiamo acquistata c'era una piccola diga nella proprietà, ma sapevamo che l'approvvigionamento idrico era molto importante per l'agricoltura e abbiamo deciso di costruire un pozzo il prima possibile dopo la costruzione della casa.

John Sackley, il padre dei nostri vicini più prossimi (Joan e Tom Bergman e la loro figlia), individuò il posto per il nostro pozzo in una zona paludosa di alberi da tè con una profondità ridotta rispetto alle falde acquifere. Abbiamo realizzato il pozzo con una circonferenza di circa un metro e mezzo e profondo una decina di metri. I primi tre metri erano terra e sotto c'erano sette metri di arenaria.

Ho messo la gelignite in buche che abbiamo scavato con una pala, o scheggiando l'arenaria con martello e scalpello. Lavorando con micce lunghe per darci la possibilità di stare lontani a distanza di sicurezza, ho fatto esplodere gelignite quanto basta per allentare il terreno e la roccia. Abbiamo scavato con me nei secchi che riempivano i pozzi e Betty che tirava su i secchi per svuotarli. I lati del pozzo erano rivestiti di mattoni per mantenere stabile il foro. Ci è voluto circa un mese per raggiungere una profondità che fornisse acqua buona.

Dopo tutto il nostro lavoro, l'acqua sotterranea era troppo salata per i nostri raccolti, ma il duro lavoro non è stato sprecato. Ora avevamo l'acqua per il bagno e per lavare i panni, e anni dopo usavamo l'acqua del pozzo quando abbiamo ottenuto una toilette settica. Avevamo ancora bisogno di acqua affidabile per irrigare le colture, quindi abbiamo deciso di ingrandire la diga e fare affidamento sull'acqua della diga per l'agricoltura.

Dopo aver assicurato l'approvvigionamento idrico, la nostra sfida successiva è stata quella di preparare la terra per l'agricoltura. La foresta di eucalipti originale era stata disboscata e la proprietà era ricoperta di ceppi e alberi di ricrescita che erano troppo piccoli per essere costruiti o fresati. Circa un terzo del terreno era costituito da una bassa palude di alberi del tè.

Senza macchinari pesanti, ho usato di nuovo la gelignite, facendo saltare i ceppi dal terreno, poi li ho arrotolati in un mucchio di bruciature. La meraviglia è che a quei tempi un cartone di gelignite si poteva comprare al bancone del negozio di ferramenta a Strathpine. Immagina di poter andare in un negozio di ferramenta oggi per acquistare esplosivi così potenti! Potremmo anche comprare veleni al banco e la maggior parte di quelli che abbiamo usato, come il DDT, sono stati a lungo vietati a causa del loro pericolo per la salute delle persone.

Con l'acqua della diga e il terreno sgomberato dai ceppi, avevamo bisogno di attrezzature per arare il terreno e trasportare i prodotti. Abbiamo comprato un piccolo trattore "internazionale" di seconda mano per preparare la nostra terra per i raccolti.

Dopo questo acquisto, abbiamo acquistato un camion per il trasporto dei prodotti. Purtroppo per noi, in questo, l'avvocato che abbiamo usato per comprare il camion, sembrava lavorare contro di noi. Questo era lo stesso avvocato che abbiamo usato per comprare la campagna. Come molte persone fanno oggi, ha aggiunto una 'n' al nostro cognome sugli atti, scrivendolo 'Constantini'. Per prendere in prestito i soldi per il camion, la banca voleva che gli atti dimostrassero che possedevamo la terra. La banca ci ha detto che l'ortografia degli atti doveva essere corretta. Ho fatto visita a quell'avvocato molte volte, ma non ha voluto correggere l'ortografia o darmi gli atti.

Questa era una grande preoccupazione perché avevamo bisogno di prendere in prestito denaro per acquistare il camion per portare i nostri prodotti sul mercato. Senza il trasporto, saremmo sicuramente a corto di soldi. Mi sono spesso chiesto se fosse questo il pensiero dell'avvocato: pronto a prendere in consegna la nostra terra se non potevamo permetterci di tenerla.

Il Console italiano mi ha consigliato di usare un altro avvocato per ottenere gli atti e correggere l'ortografia. Questo è stato un successo e ora, con il prestito approvato, abbiamo acquistato un camion Dodge International di seconda mano. Di solito ci voleva un giro molto faticoso con la manovella per farlo funzionare.

Ora avevamo tutto ciò di cui avevamo bisogno per coltivare il nostro primo raccolto: le patate. È stato un raccolto eccezionale! Finalmente la nostra carriera agricola stava decollando! È stata solo la nostra sfortuna che ci fosse un eccesso di patate nel mercato quell'anno, quindi nessuna domanda. Ormai, dopo tutte le spese per l'acquisto del terreno, la costruzione della casa e l'allestimento della campagna, i nostri soldi erano quasi finiti.

Abbiamo mangiato patate a colazione, pranzo e cena per mesi. Così hanno fatto il nostro cane, Lulu, i cani del vicino, i nostri polli e chiunque potessimo dare le patate! Dopo sei mesi, ho detto che non avrei mai mangiato un'altra patata! La memoria è potente però, e solo pochi anni prima di questo, la patata rara, trovata in un campo abbandonato, era un tesoro di grande valore, in quei giorni di guerra nel vecchio paese.

Determinati a rendere l'agricoltura un successo, abbiamo perseverato con piccole colture come ananas, fragole, cetrioli e cetriolini. I raccolti andavano bene e facevamo soldi quando i mercati erano buoni. In questo periodo abbiamo accolto la nostra prima figlia e il secondo figlio.

Nei primi anni di fondazione della campagna, ho anche lavorato presso il Royal Brisbane Hospital nei servizi di lavanderia. Anche se il personale mi ha trattato così bene, il mio stomaco non riusciva a gestire il sito delle lenzuola coperte di sangue, quindi dopo sei mesi me ne sono andato.

Successivamente, ho lavorato consegnando il pane per un panificio locale a Petrie. La lotta che ho avuto qui è stata che il nome di ogni cliente doveva essere scritto a mano. Mi ci sono volute ore in più rispetto a quello per cui venivo pagato a causa della scrittura. Già lavorando dalla mattina alla sera in campagna, non avevo abbastanza ore a disposizione per continuare il lavoro di consegna. La mia decisione di andarmene è stata definitiva dopo che un cane mi ha morso durante una corsa per il pane.

Grazie alla mia esperienza e alla mia qualificazione, ho trovato lavoro con le Ferrovie del Queensland, costruendo una nuova linea ferroviaria tra Narangba e Caboolture. Questo lavoro è durato due anni e attraverso di esso ho incontrato molte persone meravigliose che sarebbero state amici di famiglia per tutta la vita.

Una riunione di famiglia

Non ero brava a scrivere lettere, ma corrispondevo con Isolina in Italia, come potevo. Attraverso queste lettere ho appreso che Isolina e Luigi credevano che se Rosalinda fosse immigrata in Australia, le sue opportunità di vita sarebbero state migliori che se fosse rimasta in Italia. Così è stato deciso, e con grande orgoglio ho sponsorizzato l'immigrazione di nostra nipote. Nell'aprile del 1963 Rosalinda, 19 anni, arrivò nella nostra campagna di Narangba e rimase con noi per due anni. Era una giovane donna forte e lavorava sodo nella campagna, aiutandoci enormemente.

Avere Rosalinda con noi è stato uno dei momenti più felici della mia vita. Ha portato nella nostra casa una parte della mia famiglia dall'Italia. Mi ha ricollegato alla mia cultura e ha consolidato una stretta armonia con la mia famiglia italiana che è ancora forte oggi. Anche Betty amava Rosalinda. Era come un'altra figlia, parte della nostra famiglia e dei nostri cuori dal momento in cui è arrivata.

Mi sono rinvigorito assicurandomi che Rosalinda si unisse nel suo nuovo paese, anche con la comunità italiana a Brisbane. Abbiamo visitato amici e parenti e siamo andati a concerti e film di musica italiana. In poco tempo, Rosalinda si stabilì in una nuova vita in Australia. Un tutor volontario veniva ogni sabato per un po', per insegnare a Rosalinda in inglese. Ha imparato in fretta perché Betty ei bambini non parlavano italiano. Ogni volta che potevo, partecipavo anche alle lezioni, sempre motivato a migliorare il mio inglese.

Quando Rosalinda arrivò, la nostra casa era composta da due camere da letto, una piccola cucina e un soggiorno. Con tre bambini piccoli e Rosalinda, avevamo bisogno di più spazio, così abbiamo ampliato la casa aggiungendo un'altra camera da letto e uno spazio esterno coperto, con un WC settico. Questo ha sostituito la nostra vecchia toilette nella boscaglia.

Quando l'inglese di Rosalinda migliorò, zia Elodia le trovò un lavoro al Golden Circle Cannery a Northgate, dove lavorava Elodia. Ha lavorato lì e ha continuato ad aiutarci nella campagna fino a quando lei e Pasquale (un migrante italiano dalla Calabria) si sono sposati nel 1965 e si sono trasferiti a Brisbane. Ero così orgoglioso di regalare Rosalinda il giorno del suo matrimonio.

È un grande conforto per me avere la famiglia, Rosalinda, Pasquale e i loro tre figli, che vivono a Brisbane. I nostri cuori si sono spezzati quando Rosalinda è morta nel 2020.

L'incidente del trattore

Uno dei nostri vicini stava preparando i suoi recinti per la semina, quando è venuto a trovarmi e mi ha chiesto se potevo usare il mio trattore per tirargli un ceppo. Aveva scavato tutto intorno in preparazione. Agganciai il ceppo e mentre tiravo le ruote della vecchia International affondarono nel terreno bagnato. Le ruote anteriori si sono sollevate da terra e in pochi secondi il trattore si è ribaltato all'indietro, trascinandomi con sé e senza lasciarmi il tempo di reagire.

La cosa successiva che ho saputo è che ero immobilizzato con il braccio bloccato tra il volante e il suolo. La circolazione sanguigna si stava interrompendo e temevo che il buco della palude in cui mi trovavo potesse infiltrarsi pieno d'acqua. Sdraiato lì intrappolato, la mia ansia stava crescendo quando ho sentito una voce chiamare il mio nome e dire: "Michael, non preoccuparti, non ti succederà niente. Sei protetto". La voce mi travolse e la paura di ciò che mi sarebbe accaduto scomparve. Riesci a immaginare! Nel bel mezzo di questa catastrofe, sapevo che ce l'avrei fatta a cavarmela. Fino ad oggi, credo che questa fosse la voce di Dio e che abbia portato una grande pace nel mio cuore.

Per fortuna, il mio figlio maggiore, Tony, era vicino al suo amico, Bill McPhail. Tony corse da Betty che chiamò un'ambulanza e Bill trovò il meccanico della città e gli chiese di portare un argano. Il meccanico ha sollevato il trattore abbastanza da liberare il mio braccio. Le mie costole e il mio braccio sono diventati neri e blu per i lividi, e ci è voluto un mese prima che mi riprendessi completamente, ma sapevo di aver sperimentato una fuga miracolosa quel giorno.

Non c'è mai un buon momento per avere un incidente, ma questo è stato un momento particolarmente brutto perché la campagna era in piena produzione. Proprio come nel vecchio paese, amici e vicini si sono riuniti per aiutare. Betty non sapeva guidare, ma lavorava senza sosta per gestire la campagna ei nostri amici guidavano il camion per portare i raccolti al conservificio e ai mercati.

Dopo essermi ripreso, sono tornato a lavorare alla ferrovia. Betty faceva funzionare la campagna durante il giorno. Di notte confezionavamo i nostri prodotti e i fine settimana erano impegnati con i lavori agricoli. I nostri occhi erano sempre aperti per nuove opportunità di guadagno, e una ha attirato la nostra attenzione quando eravamo in conversazione con i nostri vicini, Owen ed Evelyn Campbell.

I Campbell avevano una piccola campagna e una piccola impresa che allevava polli. Il business del pollo sembrava redditizio, non così influenzato dal tempo, dai parassiti o dai prezzi di mercato. Abbiamo deciso di tuffarci e il nostro viaggio di allevare polli è iniziato.

Polli in crescita

Con l'azienda agricola che continuava a coltivare e io che lavoravo alla ferrovia, abbiamo iniziato la nostra nuova avventura su piccola scala. Per cominciare, abbiamo allevato polli ovaiole, ma presto abbiamo deciso che l'allevamento di polli da carne (polli da carne) prometteva un risultato finanziario migliore.

Eravamo molto eccitati quando abbiamo acquistato il nostro primo lotto di circa 100 polli. Prima che venissero costruite le stalle, la nostra seconda camera da letto era usata come ricovero notturno per le galline, (più la nostra capra Margherita e i suoi gemelli Romeo e Giulietta).

Abbiamo comprato polli di un giorno e sono usciti in scatole sul treno. Le scatole avevano dei fori su entrambi i lati in modo che i pulcini potessero mangiare cibo attraverso i fori. La cosa principale era portare loro l'acqua rapidamente. Rimasero nelle casse per quattro giorni. Immagina il sollievo quando ci siamo espansi nei capannoni della boscaglia e non abbiamo dovuto condividere la casa con gli animali!

Sia in Italia che in Australia, come facevamo tutti l'uno per l'altro in quei giorni, i vicini ci hanno aiutato di nuovo. Un giorno, tornando dai mercati di Kallangur, stavo guidando il nostro camion lungo McPhail Road e ho visto un uomo sul ciglio della strada. Stava cercando di rimuovere un ceppo usando una catena e un argano. Mi sono fermato a salutare e, felice per una pausa dal lavoro, mi ha invitato a prendere un caffè. Ozzie Palman era un immigrato dell'Italia settentrionale, con circa 70 acri su McPhail Road, Narangba.

Ozzie voleva liberare il legname di ricrescita e i ceppi per piantare fragole e allevare una mucca da latte. Gli ho detto che io e il mio trattore eravamo disponibili ad aiutarlo. La maggior parte del legname tondo per le nostre stalle per polli proveniva dalla casa di Ozzie e alcuni provenivano da un amico sulla ferrovia. Tagliammo e trasportammo i tronchi alla campagna e iniziammo a costruire i nostri primi capannoni.

Usando legname grezzo e materiali di seconda mano provenienti da un cantiere di demolizione, abbiamo costruito capannoni per la boscaglia per i nostri primi anni di allevamento di polli. Spesso, fino a tre notti di fila, lavoravo fino a mezzanotte, costruendo alla luce dei lampioni delle carabine. Dopo tre notti di lavoro fino a tardi, il quarto giorno avrei avuto una prima notte per ringiovanire. Nelle notti in cui portavo i prodotti ai mercatini di Roma, partivo con il camion intorno alle 23:00 per essere lì entro mezzanotte e uscire entro le 13:00. La vita era impegnata e piena.

Abbiamo inventato idee per far funzionare bene i capannoni della boscaglia. Abbiamo progettato una monorotaia per aiutarci con l'alimentazione e questa semplice invenzione ha risparmiato un sacco di lavoro massacrante. Il mangime era contenuto in sacchi da cento pesi (circa 50 kg). Erano pesanti da trasportare ed era difficile camminare tra i polli per distribuire il cibo. La nostra monorotaia era un bidone metallico rettangolare di 1,5 x 0,75 m, appeso a due rulli che si muovevano lungo un canale di ferro angolare. Su questa monorotaia, il bidone veniva facilmente spinto attraverso i capannoni. Nel punto più alto, abbiamo installato uno scivolo dove i sacchi di mangime venivano svuotati nel bidone della monorotaia.

La gravità ha aiutato a spingere il bidone verso il basso attraverso i capannoni, in seguito alla caduta del terreno. Quando il cestino era vuoto in basso, veniva spinto di nuovo in alto. Betty dava da mangiare ai polli durante il giorno, spesso tenendo d'occhio i bambini allo stesso tempo lasciandoli cavalcare nel cestino. Il sistema ha funzionato bene. I nuovi capannoni che alla fine avremmo costruito avevano sistemi di alimentazione automatici che eliminavano la necessità di alimentazione manuale.

L'acqua potabile per i polli è stata pompata dalla diga. Il mio lavoro di raccorderia nelle miniere del Monte Isa mi è servito per realizzare il sistema di reticolazione dell'acqua nei capannoni. Il lavoro era costante, in quanto ogni forma di allevamento necessita di cure e attenzione alla salute degli animali.

Quando abbiamo iniziato ad allevare polli da carne, sono stati incrociati tra Livorno bianca e Australorp. Quando siamo andati in pensione, ci è stato detto che i polli erano un mix di 13 razze. I vecchi capannoni contenevano circa 14.000 uccelli per lotto e ci sono volute circa 15 settimane per far crescere completamente i polli, dopodiché sono stati inviati ai macelli.

Convinti che l'allevamento di polli da carne fosse una fonte di reddito migliore rispetto al raccolto, abbiamo visitato la National Australian Bank di Petrie, sperando di ottenere un prestito per espanderci. Qui ho incontrato il direttore di banca che sarebbe diventato uno degli uomini più influenti della nostra vita. Mi salutò a braccia aperte, poi ascoltò attentamente la mia idea di costruire capannoni per polli più grandi nella nostra campagna.

Quando ho chiesto se potevo prendere in prestito dei soldi per questo progetto, mi ha detto che prima avrei dovuto aprire un conto in banca. Ho detto che l'avrei fatto, ma avevo solo poche monete con me. Ha detto che sarebbe andato bene, e lì per lì abbiamo aperto un conto presso la National Australian Bank.

Ho chiesto un prestito di £ 600 per acquistare un serbatoio di alimentazione e materiali da costruzione. Ha risposto che non ha 'Penso che sarebbe stato sufficiente e mi ha prestato 1.200 sterline per portare a termine il lavoro correttamente. Con questo, e l'aiuto della famiglia e degli amici, abbiamo costruito altri capannoni.

Per anni, da quel momento in poi, il nostro National Australian Bank Manager è stato sempre al nostro fianco, sostenendoci quando avevamo bisogno di fare un altro passo avanti. Con il suo supporto, sono stato in grado di acquistare attrezzature, costruire nuovi capannoni e acquistare altre proprietà a Narangba, che da allora abbiamo venduto.

Durante tutto il mio viaggio sono stato aiutato da persone come questo signore. Si è fidato di me per lavorare sodo e mantenere la mia parola quando si trattava di rimborsare i prestiti. Trovare persone come questa è stata una grande gioia per me e non dimenticherò mai lui o gli amici, i vicini e la famiglia che ci hanno aiutato nella proprietà. In questo modo, le comunità in tutta l'Australia si svilupparono e prosperarono, come nel vecchio paese.

L'industria del pollo

L'allevamento di polli era una buona industria, ma aveva alcuni problemi. Quando abbiamo iniziato con Red Comb (una cooperativa di allevatori di polli) dovevamo ancora comprare i polli privatamente e poi pagare il mangime in più. Abbiamo accumulato grandi spese con Red Comb. Red Comb ci ha pagato solo per i polli quando erano pronti per il mercato. Poiché i polli impiegavano circa tre mesi per maturare, i pagamenti tramite assegno erano scarsi per noi.

Molte volte, eravamo molto indebitati prima di essere pagati. Con quella paga, dovevamo coprire le spese di soggiorno e i debiti commerciali, oltre a tenere abbastanza soldi per il lotto successivo. Ci siamo preoccupati in quel tempo di attesa tra quando i polli erano abbastanza grandi per il mercato e quando abbiamo ricevuto il nostro assegno. Le bollette del cibo sono diventate così alte che molti agricoltori sono andati in bancarotta, ma con le nostre altre fonti di reddito, abbiamo continuato ad andare avanti.

La stessa Red Comb stava lottando finanziariamente e una volta ci hanno detto che non potevano prendere il nostro lotto. Cosa faremmo con 14.000 polli adulti e nessun pagamento in arrivo per loro?

Cercavamo freneticamente un nuovo mercato. Con grande sollievo abbiamo trovato un fornitore cinese e siamo stati pagati. Successivamente sono entrato a far parte di una nuova associazione di allevatori di polli, costituita da molti altri allevatori, con l'obiettivo di migliorare la sicurezza e il pagamento con Red Comb. Questa associazione è stata una buona rappresentanza per i coltivatori e io sono stato coinvolto per anni.

I problemi finanziari di Red Comb sono peggiorati, quindi abbiamo iniziato a coltivare per Ingham's Enterprises che ha fornito un accordo migliore per i coltivatori. Hanno fornito i polli di un giorno, cibo, medicinali e spray da utilizzare nei capannoni tra i lotti. Questo è stato un grande progresso che ha tolto un'enorme pressione ai coltivatori. Abbiamo fornito le stalle e allevato i polli e Ingham ha fornito tutto il necessario, incluso lo sbecco dei pulcini prima di consegnarli.

Prima di iniziare con Ingham's, abbiamo debeccato a mano ogni pulcino. Usando un cutter a pedale, la punta del becco superiore è stata tagliata in modo che gli uccelli non potessero beccarsi l'un l'altro. Beccavano altri pulcini se erano di colore diverso o se mostravano sangue. Nel caso del sangue, abbiamo spruzzato l'area con una soluzione blu per fermare il cannibalismo. Debeccare migliaia di pulcini è stato un processo lungo e lento.

Un tempo, un'iniezione di prova chiamata "caponizzazione" veniva somministrata quando i polli erano cresciuti a metà (quindi molto più difficili da catturare). Una compressa di ormoni è stata iniettata nella testa di ogni pollo, ma gli ormoni hanno reso gli uccelli grassi e pigri, quindi non abbiamo continuato a farlo.

Prima di iniziare con una cooperativa, gli acquirenti privati uscivano per raccogliere il pollame. Un piccolo proprietario di un mattatoio ha portato il suo cane da pastore per radunare gli uccelli. Betty era contenta per quel cane da pastore perché significava che non doveva aiutare a catturare e caricare i polli sul camion. In seguito, i polli venivano sempre raccolti dagli uomini sui camion, sempre di notte, quando gli uccelli erano più tranquilli e avevano meno probabilità di essere stressati.

Tra un lotto e l'altro, il pavimento del capannone è stato coperto con giornali puliti, sono stati sostituiti i contenitori per il mangime sospesi e sono stati preparati abbeveratoi. Tony e Linda sono stati degli ottimi aiutanti in questo.

Cantando ai polli

Ingham's ha creato un pool di pagamento da cui sono stati pagati i coltivatori. In una settimana, l'azienda avrebbe raccolto polli da diversi allevamenti. L'allevamento che produceva i polli più pesanti veniva pagato di più dalla piscina rispetto agli altri allevatori. Abbiamo riempito spesso la piscina e per lo più siamo rimasti vicino alla cima.

Molti coltivatori mi hanno chiamato per chiedermi perché stavamo andando così bene, e alcuni hanno accettato il nostro invito a venire a vedere. Penso che alcune cose abbiano aiutato il nostro successo. Dalle nostre esperienze nei vecchi capannoni, abbiamo imparato cosa funzionava bene e cosa no. Ho anche distribuito più cibo per i giovani pulcini di quanto fosse necessario, così ovunque andassero, potevano mangiare. Un segreto che ho dato ai nostri visitatori era che cantavo e parlavo sempre con le galline. Ogni volta che lo facevo, le galline venivano e mangiavano ai miei piedi.

Dopo anni passati a coltivare bene i polli nei vecchi capannoni, Ingham's ci ha chiesto di espanderci per soddisfare la crescente domanda. Con il sostegno del nostro direttore di banca, il finanziamento del capannone non è stato un problema. Il problema era il tempo.

La nostra famiglia ora aveva cinque figli, e con Betty così impegnata con i bambini e la campagna, e io a tempo pieno sulla ferrovia, non avevamo tempo per espanderci, soprattutto se dovevamo continuare a nutrirci a mano. Per fortuna, il nuovo capannone sarebbe stato automatizzato ed era molto avanzato per il nostro settore.

All'inizio del 1970, abbiamo costruito il primo capannone automatizzato con il costruttore irlandese locale Bill McCausland. Bill era un altro grande amico e un vero professionista, e il capannone è stato costruito senza complicazioni. Ospitava più di 15.000 polli, più di tutti i vecchi capannoni messi insieme.

Da allora, il cibo per polli è stato consegnato a grandi tramogge e distribuito meccanicamente in tutto il capannone. I serbatoi dell'acqua alimentavano gli abbeveratoi. I polli avevano ancora bisogno di attenzioni e cure, ma il lavoro era molto meno manuale.

L'industria stava crescendo rapidamente, passando dalla tecnologia del vecchio capannone alla nuova e Ingham's voleva che costruissimo un secondo nuovo capannone per sostituire i vecchi capannoni. La maggior parte dei coltivatori voleva l'opportunità di espandersi e abbiamo pensato che fosse un'offerta da non perdere.

Un ostacolo era che il nuovo capannone doveva essere costruito in 44 giorni, per adattarsi al programma di schiusa dei polli di Ingham. L'altro era che era il 1974, quando l'Australia stava vivendo il più grande sciopero sindacale nella storia del paese. Qualcosa chiamato OPEC, un gruppo di paesi produttori di petrolio, ha spinto i prezzi del petrolio molto in alto. L'inflazione esplose e i sindacati volevano più salari per i loro lavoratori. Centinaia di migliaia di lavoratori hanno scioperato in tutta l'Australia.

Abbiamo iniziato a costruire quando i prezzi stavano impazzendo e trovare lavoratori era quasi impossibile. Ero pronto a lavorare di nuovo con Bill McCausland, ma aveva un altro contratto. Bill ha fatto quello che poteva per aiutare, incluso organizzare una spedizione di legname dalla Tasmania, per le capriate.

Ero in grossi guai. Se non riuscivo a preparare in tempo il capannone, rischiavo di perdere il contratto con Ingham's. Questo ci manderebbe in bancarotta, dato quello che avevamo preso in prestito e speso per preparare il capannone. Non avevo altra scelta che lasciare il mio lavoro nelle ferrovie e lavorare sette giorni su sette per costruire il capannone, inseguendo i materiali ovunque potessi trovarli.

Ho scavato a mano i fori per le fondamenta e ho issato ogni travatura utilizzando un trattore e un argano preso in prestito, quindi ho fissato le capriate nel cemento. Dovevo almeno preparare l'area di rimuginazione per rispettare la linea temporale di Ingham. Il 'meditabondo 'L'area è una piccola sezione termocontrollata del capannone dove vanno i polli di un giorno quando arrivano. Dopo alcune settimane, i polli sono abbastanza grandi da essere fatti uscire in tutto il capannone.

Dopo che le capriate furono fatte, un uomo venne a trovarmi. Bill Sullivan, con sua moglie Lyn, è arrivato di recente nel Queensland da Sydney e stava cercando lavoro. L'ho preso subito, senza un secondo 'esitazione. Bill era un abile commerciante e lavorava sodo. Insieme, abbiamo appena stabilito il lasso di tempo necessario per ricevere il primo lotto di polli nell'area di cova . Queste poche settimane sono state molto stressanti, ma alla fine il capannone era finito e tutto si è risolto, con un grande ringraziamento a Bill.

Bill e sua moglie Lyn sono diventati buoni amici. Da loro abbiamo guardato per la prima volta un film alla televisione a colori. Il film era Swiss Family Robinson e quella notte abbiamo avuto 220 mm di pioggia!

Alla fine lo sciopero finì. Questo è stato un momento strano nella storia dell'Australia e un momento triste. Nessuno ha vinto e molte persone, così come l'economia, hanno sofferto.

I nuovi capannoni funzionavano molto meglio di quelli vecchi. Tra un lotto e l'altro, gli alimentatori e il sistema di irrigazione potrebbero essere sollevati con un verricello, rendendo la pulizia molto più semplice. All'inizio gli argani erano azionati a mano, utilizzando un trapano elettrico. Più tardi, abbiamo solo dovuto premere un pulsante.

Per preparare le stalle, abbiamo ricoperto il terreno con trucioli di legno, che i polli graffiavano e scavavano. I trucioli assorbivano anche il letame. Quando un lotto andava al mercato, i vecchi trucioli venivano portati via e ne venivano messi di nuovi.

Nei vecchi capannoni, i vecchi trucioli venivano rimossi con pala e carriola. Nei nuovi capannoni, ho usato un trattore e una lama per accatastarlo per un allevatore locale e buon amico, Bill Young. Ha raccolto i vecchi trucioli nel suo camion e ha fertilizzato la sua campagna con esso.

A quel punto, con la nuova tecnologia, un lotto impiegava 8-10 settimane per crescere completamente e avevamo circa tre settimane tra un lotto e l'altro per pulire e preparare i capannoni. Alla fine, abbiamo trovato un'azienda che puliva i capannoni e portava materiale da letto fresco. Non hanno fatto pagare nulla perché hanno usato il vecchio materiale per nutrire il bestiame.

Abbiamo allevato polli in quei capannoni per quasi 30 anni ed è stato un ottimo investimento per noi. Costruire il capannone 2 mi ha permesso di smettere di lavorare fuori dalla campagna e passare più tempo con la mia famiglia, godendo anche di sport e musica.

Sfide con l'allevamento di polli

Rumori improvvisi e forti spaventavano i polli, come i conducenti che suonano i clacson o i lampi ei tuoni cattivi, soprattutto di notte. I polli terrorizzati si precipitano e si accumulano uno sopra l'altro, a volte soffocandone molti. Questa era una grande preoccupazione soprattutto con i polli più anziani, e molte volte abbiamo perso gli uccelli in questo modo. Ho volutamente cantato ad alta voce e ho fatto rumori forti nei capannoni per cercare di prepararli a rumori improvvisi come il tuono.

Quando avevamo le galline nelle vecchie stalle, una notte, i cani hanno rotto la rete in una stalla e tutte le galline sono uscite. Quando sono sceso la mattina presto, centinaia di polli bianchi morti erano sparsi per terra, uccisi dai cani solo per sport. Ho scavato una buca con il trattore per seppellirli.

Un giovedì di Pasqua, ci aspettavamo che un lotto intero venisse consegnato via camion alle 13:30. Alle 16:00, ho deciso che sarei andato a cercare il camion in ritardo. Deve essere stato il giorno più trafficato dell'anno e con una sola corsia per e da Brisbane, sono arrivato fino ad Aspley prima di voltarmi. In qualche modo, mi è mancato vedere il camion delle consegne sull'autostrada perché è arrivato alla campagna circa 15 minuti dopo che me ne ero andato, ed erano quasi le 7 di sera prima del mio ritorno.

Poiché il camion non aveva l'aria condizionata, centinaia dei nostri polli erano morti per il caldo. È stata una corsa folle cercare di portare quelli vivi fuori e dentro l'acqua.

Un'altra volta, avevamo entrambi i capannoni pieni, con un totale di 32.000 polli. Un capannone era stato svuotato, quindi per fortuna metà del lotto era al sicuro. Faceva un caldo terribile con solo grandi ventilatori per raffreddare i polli nel capannone. Eravamo andati a Dohles Rocks per rinfrescarci, portando con noi Len e Diana. Abbiamo visto una tempesta in arrivo così affrettata a casa per trovare oltre 100 dei polli adulti morti, la maggior parte sotto i ventilatori o ammucchiati uno sopra l'altro.

Diana e Len ci hanno aiutato a buttare via tutti gli uccelli morti. Un altro allevatore di pollame a Narangba, John Twoomey, ha portato il suo trattore per scavare una buca e seppellirli per noi. Altre volte, abbiamo aiutato John e un altro allevatore a raccogliere migliaia di polli morti nei loro capannoni, persi durante le ondate di calore. Gli uccelli morti sono stati gettati direttamente sul retro dei camion e portati in una fabbrica, gettati in una macchina e trasformati in cibo per cani in scatola.

Un altro lotto senza successo è successo quando Len ed io siamo stati all'estero per due mesi. A parte un'aquila che tagliava le teste di pollo mentre sbirciavano attraverso la rete in cerca di sole, John Twoomey e i nostri polli sono stati messi in prova usando un diverso mangime per polli. I polli hanno fatto molto male. Per fortuna, siamo stati compensati finanziariamente da Ingham's.

A metà degli anni '80, abbiamo avuto una sfida diversa con gli scioperi dell'elettricità nel Queensland. Le interruzioni di corrente continuavano a verificarsi e non sapevamo per quanto tempo saremmo rimasti senza corrente. I nuovi capannoni erano alimentati 24 ore su 24 per alimentare il sistema di alimentazione automatico e fornire illuminazione durante la notte. Potremmo perdere migliaia di polli a causa della fame se il sistema di alimentazione non funzionasse per un lungo periodo. Avevamo un disperato bisogno di un generatore, proprio quando anche ogni altra azienda ne voleva uno. Alla fine ne trovammo uno, ma il prezzo era aumentato del doppio a causa dello sciopero. Abbiamo ancora quel generatore nel capannone appositamente costruito nella campagna.

Cambiamenti nell'industria avicola e il nostro pensionamento

Nonostante le occasionali battute d'arresto, allevare polli è stato un grande affare per noi. Dal nostro umile inizio nel 1958, con 100 polli che vivevano in una stanza della nostra casa, fino alla crescita in alcuni capannoni per cespugli, poi nuovi capannoni automatizzati che trasportavano 32.000 uccelli, abbiamo visto molti cambiamenti nel settore.

All'inizio, ci sono volute circa 15 settimane perché i polli fossero completamente cresciuti. Quando siamo andati in pensione, quel tempo si era ridotto a una media di 7-8 settimane ea sole 6 settimane se Ingham's voleva uccelli più piccoli. Questi cambiamenti sono arrivati a causa di nuove razze di polli e di cibi e strutture migliori.

I cambiamenti continuavano perché Ingham voleva lavorare con operazioni più grandi e moderne. Ci hanno dato un ultimatum: raddoppiare le dimensioni della nostra operazione o interrompere l'agricoltura. L'espansione a Narangba non era consentita a causa delle regole di pianificazione locali. Abbiamo pensato di acquistare un'altra campagna, ma considerando la nostra età ei costi, abbiamo deciso di vendere il nostro contratto con Ingham's a un associato del settore, Barry Benbow.

Questa decisione è stata un vero colpo per noi in un certo senso, poiché non molto tempo prima, abbiamo speso una grande somma per migliorare i nostri capannoni esistenti. Questi erano soldi buttati purtroppo.

Nonostante quella perdita, Barry ci ha pagato bene per il contratto, che ci ha aiutato ad andare in pensione. Ci siamo ritirati nel 1998, quando Betty aveva 68 anni e io 72, e da allora eravamo uno dei più piccoli agricoltori di Ingham. Ora, i coltivatori possono avere 200.000 polli o più.

La Vita Familiare

La nostra vita era piena di impegni: allevare una famiglia, costruire la campagna e l'attività di pollame, coltivare piccoli raccolti e svolgere altri lavori. Sono finite le feste italiane che tanto amavo, ma abbiamo ancora trovato il tempo da trascorrere con i bambini e la comunità.

Il nostro figlio maggiore Tony è stato uno studente fenomenale e gran parte della sua vita lavorativa è stata in linea con la sua passione per la protezione e il miglioramento dell'ambiente.

Entrambe le nostre figlie, così come Betty, amavano i cavalli e le ragazze facevano bene a gareggiare in gimkane ed eventi.

Peter e Len erano giocatori di tennis di alto livello, raggiungendo le semi e i quarti di finale nei campionati statali per i loro gruppi di età.

Con i ragazzi e me che amavamo il gioco, abbiamo costruito un campo da tennis nella campagna, originariamente con terra compattata da formicai. Peter aveva il compito di far rotolare il campo con un pesante rullo di cemento per mantenere la superficie. Dopo alcuni anni, siamo emersi in campo con il flexi-pave. Per anni sono stato un membro della squadra locale di Burpengary e abbiamo incontrato molti amici attraverso il tennis. Spesso visitavano la campagna per un gioco e un pasto.

In questi giorni, il campo è vecchio e logoro, ma viene ancora utilizzato molto. I nostri nipoti ci giocano regolarmente e io lo uso come superficie piana per camminare in sicurezza per fare esercizio. Nostra figlia Diana ha allestito un enorme tendone sopra la corte per il suo ricevimento di nozze. Eravamo così felici quando Diana e Len hanno scelto di celebrare i loro matrimoni qui alla campagna.

Oltre al tennis, un'altra passione era il bowling. Gli italiani amano giocare a bocce, un gioco come le bocce. Mio nonno Antonio aveva un campo da bocce nel suo emporio e bar ad Ari. Non è stato difficile ottenere un gioco con i clienti che hanno visitato il negozio, quindi ho giocato molto in Italia.

Intorno al 1960 mi sono unito al club di bocce indoor di Narangba. Poco dopo, ho rappresentato il nostro club nel campionato di singolare statale. Quella notte ho vinto il campionato del Queensland. Per questo motivo, mi è stata offerta l'opportunità di rappresentare il Queensland in una competizione statale a Sydney.

Tuttavia, a causa delle responsabilità familiari e agricole, oltre alla mancanza di denaro e tempo, non mi è stato possibile trascorrere tre settimane ai campionati. io ero 'Mi preparavo a lasciare Betty ei bambini perché Narangba era ancora una frontiera, senza elettricità né acqua cittadina.

Riunione con la famiglia e gli amici italiani

Nel 1988, Len ed io siamo andati in Argentina e poi in Italia per vedere la nostra famiglia. Erano 36 anni che non mettevo piede in patria o vedevo la mia famiglia in Italia o in Argentina.

Molti migranti e rifugiati australiani sapranno cosa vuol dire ricongiungersi con la famiglia dopo così tanto tempo, e qui le mie parole non sono all'altezza. Non è possibile descrivere le mie emozioni nel rivedere Natuccia nella sua casa di Rosario, in Argentina.

Ci siamo abbracciati, abbiamo pianto, ci siamo abbracciati e abbiamo passato del tempo prezioso a raccontarci le nostre vite da quando sono emigrato dall'Italia nel 1952 e lei nel 1953. Franco e Natuccia hanno due figli, Anna e Giovanni, e diversi nipoti e pronipoti a Rosario . Abbiamo stretto un legame con tutta la famiglia, che rimane un tesoro nel mio cuore, anche se da allora non ci siamo più visti.

Oltre a questa meravigliosa riunione, abbiamo avuto anche una tremenda sorpresa durante questo viaggio. Abbiamo avuto l'incredibile privilegio di essere invitati a cena al Rosario Italian Club. Qui Natuccia e Franco avevano organizzato una grande sorpresa.

Praticamente tutta la famiglia allargata, discendente dei miei zii, è arrivata quella sera al Club Italiano per incontrarci e festeggiare la nostra visita in Argentina, circa 20-30 persone in totale.

È stata una delle esperienze più eccezionali della mia vita incontrare per la prima volta un folto gruppo di miei cugini di primo grado e le loro famiglie. Non sapevo nemmeno che la maggior parte esistesse.

Ormai, la lingua della famiglia in Argentina si era spostata dall'italiano allo spagnolo, ma per fortuna c'erano abbastanza somiglianze tra le lingue da poter comunicare e condividere insieme questa notte memorabile.

Non si dimenticano mai i momenti come quelli che abbiamo avuto in Argentina, il ricongiungimento con la famiglia e l'incontro con una nuova famiglia. Il mio unico rimpianto tra tutta la felicità è stato pensare a quanto ci è mancato non stare più insieme - il problema della distanza quando un europeo torna a casa in Australia.

La generosità della nostra famiglia durante questo viaggio è stata fenomenale. Il genero di Natuccia, Alfredo, ci ha portato in un viaggio turistico attraverso l'Argentina centrale. Da Rosario, abbiamo guidato a nord verso il Parco Nazionale dell'Iguazù e le famose Cataratas Del Iguaco (Cascate dell'Iguazù).

Dall'Argentina, abbiamo viaggiato in Italia, tornando al mio paese e paese natale. La mia forte emozione lì è stata la stessa che ho avuto incontrando Natuccia e la sua famiglia. Con grande gioia ho ritrovato mia nipote Eufemia che era bambina quando me ne sono andato nel 1952. Eufemia è stata l'unica dei figli di Isolina rimasta in Italia. Rosalinda era immigrata in Australia e Rocco ha trascorso del tempo in Australia prima di emigrare negli Stati Uniti.

Mi stupisce come i legami familiari si riformino e si rafforzino nonostante la separazione del tempo e della distanza. Mentre Eufemia ed io siamo rimasti in contatto nel corso degli anni, il legame che entrambi abbiamo sentito quando ci siamo incontrati di nuovo è stato immenso. I legami che abbiamo riallacciato con Eufemia, suo marito Mario e le loro due splendide figlie e le loro famiglie, restano forti.

Da allora i nostri cinque figli hanno visitato la campagna di Eufemia e Mario a Vacri e sono stati accolti dalla famiglia. Ho visitato altre due volte, una volta per incontrare Len, che stava trascorrendo del tempo in Europa, e di nuovo, anni dopo, nel 2010 con Tony.

È per me una grande gioia che ognuno dei nostri figli (e alcuni nipoti) sia stato nel vecchio paese, abbia visto da dove vengo io e si sia connesso al lato italiano della nostra famiglia e della nostra storia.

Durante la nostra visita, mi sono riunita con altri familiari e vecchi amici che vivono a Vacri, Ari e nella vicina località balneare di Francavilla al Mare, dove ho cugini. Ogni giorno della mia visita ha riportato alla mente ricordi ed emozioni che conserverò nel mio cuore per sempre.

Len e io abbiamo viaggiato da Vacri attraverso Firenze, Venezia, Verona e Milano e abbiamo avuto molte esperienze nel mezzo, inclusa una fantastica giornata ad Assisi in Umbria. Quando sono cresciuto in Italia, i poveri contadini delle campagne non avrebbero mai pensato di fare un giro per il paese solo per piacere. Certo, conoscevo le grandi città di Firenze, Venezia e Milano e le loro opere d'arte fenomenali, musei e storia, ma vedere questi luoghi come visitatore è stata davvero un'esperienza meravigliosa ed emozionante per me.

Durante i nostri viaggi, abbiamo incontrato persone del posto meravigliose, sempre interessate a parlare e conoscere la mia vita e le esperienze in Australia. A Roma abbiamo scoperto che l'albergatore conosceva mio padre! Dopo che abbiamo stabilito quella connessione, non ha potuto fare abbastanza per noi, fornendo il miglior cibo e alloggio.

Ad Assisi abbiamo incontrato un vescovo canadese che aveva problemi con i suoi accordi bancari. Ha viaggiato con noi a Roma, pagandogli vitto e alloggio durante il viaggio. Ci ha ripagato quando siamo arrivati a Roma. Queste sono le amicizie che abbiamo stretto durante il viaggio.

Ogni volta che tornavo in Italia significava per me il mondo, e sono così grato di aver vissuto queste esperienze speciali.

Sto ancora cantando

Ho sempre amato la musica, in particolare le canzoni popolari italiane tradizionali - una parte così grande della nostra vita crescendo. 'La Campagnola Bella' e 'Marina ti voglio sposar' (Marina ti voglio sposare), sono ancora i miei preferiti.

Unirsi per suonare, cantare e ballare ha portato un gradito sollievo alle nostre impoverite vite rurali. Se non cantassimo, fischieremmo. La musica ha sollevato i nostri spiriti e ha unito la famiglia e gli amici.

Nel mio primo viaggio di ritorno in Italia nel 1988, la passione per la musica della mia terra si è rinnovata. Ho rivisto il ruolo che la musica gioca nella vita italiana, e questo ha avuto un grande effetto su di me, ispirandomi a cantare e suonare. Sono tornato in Australia portando una fisarmonica (fisarmonica a piano) acquistata dal mio amico, Camillo De Ritis.

Il mio amore per la musica si è risvegliato. Tornato in Australia, ho passato più tempo possibile a studiare musica. Per 14 anni ho imparato la fisarmonica a piano - una sfida con le mie dita contadine. Betty suonava spesso la fisarmonica a piano con me. Sfortunatamente, un brutto infortunio al polso ha interrotto il mio modo di suonare la fisarmonica. Dopo questo, mi sono concentrato sul canto di canzoni popolari italiane tradizionali e canzoni famose cantate da Dean Martin, Frank Sinatra ed Elvis Presley.

Attraverso le lezioni, ho lavorato duramente per trovare la mia voce e per cantare in una gamma che mi si addicesse. Con l'aiuto di molte persone nel corso degli anni, tra cui la nostra buona amica Rita Feroli, mi sono stabilito nella gamma dei baritoni.

All'inizio degli anni '90, ho scritto cinque mie canzoni, prima in italiano, poi per la traduzione in inglese. Le parole e l'ispirazione dietro di esse sono incluse alla fine del mio libro e spero che vi piacciano.

Con l'aiuto di un amico di famiglia, Wesley, ho registrato queste canzoni e alcune delle mie suonate con la fisarmonica a piano su CD, di cui sono molto orgoglioso. Wesley è un vero artista che ha anche suonato strumenti di accompagnamento sul CD. Sono molto grato a lui e alla sua famiglia per il loro aiuto nella produzione del mio album e della sua grafica.

Per me, la musica e il canto sono proprio come esercizio! Danno vita e ti mantengono giovane! Lo consiglio a tutti.

Rivitalizzare la campagna

Circa 10 anni dopo il mio pensionamento nel 2008, il nostro figlio più giovane Len e sua moglie Renee hanno costruito una casa accanto alla campagna. Poco dopo, Len lasciò il lavoro in città per passare più tempo alla campagna e per aiutare Betty e io in giro.

Per altri 10 anni mi sono divertito a lavorare con Len nella campagna, aiutandolo con tutto, dal lavoro con le macchine all'irrigazione. Sono stato in forma e in salute per tutti i miei 80 anni ed essere coinvolto mi ha mantenuto giovane. Len ha rivitalizzato la campagna, registrandola come biologica certificata e producendo colture di lattuga e cavolo.

All'inizio di questa impresa, Len e io abbiamo completato un corso di permacultura di tre settimane presso la Northey Street City Farm a Brisbane. Questo orto comunitario è ricoperto di piante commestibili e alberi da frutto, che è il mio tipo di giardinaggio. Betty ama coltivare fiori oltre che verdure, ma non sono mai stata interessata a coltivare qualcosa che non si possa mangiare. Per me l'orto è un luogo dove coltivare, raccogliere e mangiare prodotti il più freschi possibile.

Mi sono inserita bene in questo bellissimo orto e ho imparato al corso. Volontari e studenti provenivano da tutto il mondo ed era un'atmosfera fantastica. Tutti avevano una passione così grande e le persone volevano imparare dagli altri per rafforzare le proprie conoscenze e valori.

Abbiamo abbracciato nuove idee e incontrato molte persone interessanti. Durante o dopo i corsi sono stato spesso invitato a cantare canzoni italiane. Altri suonavano strumenti e cantavano, quindi è stato un grande scambio culturale. Sono stato lo studente più anziano che abbia mai completato quel corso di Permacultura!

Le colture sono ancora coltivate qui nella campagna, anche se su scala ridotta. Un vecchio capannone è ancora in piedi. Ospita galline ovaiole e alcune capre. Un grande capannone per polli viene convertito in un magazzino e la sezione finale in un fienile rustico utilizzato per matrimoni e feste. È divertente pensare che una volta allevavamo polli dove sposi e sposi ora ballano ai loro ricevimenti di nozze! L'altro grande capannone è adibito a serra, dove i prodotti vengono coltivati su banchi fuori terra.

Per alcuni anni, Len ha ospitato gruppi di turisti internazionali, principalmente dal Giappone, e mi è piaciuto molto aiutare gli studenti a conoscere la vita contadina e cantare canzoni italiane per loro.

Ancora insieme, ancora attivi

Betty ed io rimaniamo attivi. Entrambi abbiamo giardini, io ho la mia musica e le visite della nostra famiglia sono i momenti salienti per noi. Sappiamo che poter continuare a vivere in campagna è un dono dei nostri figli. Gestire e mantenere la proprietà sarebbe impossibile senza il loro aiuto.

Sono così grato per questo regalo perché l'ultima cosa che volevo era vivere in un villaggio di pensionati o in un piccolo condominio. Invece, qui in campagna, abbiamo l'aria fresca e qualcosa per cui alzarci ogni giorno.

Il Finale (Del Mio Libro - Non Io!)

Con 94 anni di esperienza, il mio libro potrebbe andare avanti ancora per molto!

Sono nato in un paradiso rurale sconvolto dalla guerra. Non solo dovevamo sopravvivere alla guerra, ma dovevamo anche ricostruire da zero dopo di essa. Oggi mi definirei un rifugiato economico, ma a quei tempi, fortunatamente, l'Australia invitava persone disposte a lavorare e ritagliarsi la propria vita per aiutare a costruire un'Australia migliore. Sarò sempre grato per questa opportunità.

Per tre anni ho avuto un assaggio della vita australiana sulle ferrovie, nelle miniere, negli allevamenti di canna da zucchero e sulla diga di Burrinjuck, prima di incontrare Betty a Mount Isa. Il resto della mia storia è con Betty, costruendo la campagna e crescendo cinque figli.

Siamo orgogliosi che ognuno dei nostri figli abbia raggiunto i propri obiettivi e si sia fatto strada nella vita. La nostra famiglia, che al momento in cui scriviamo comprende 10 nipoti e sei pronipoti, ha un'anima unica che ci unisce. Senza la nostra famiglia, non potrei mai riflettere così positivamente su ciò che ho raggiunto. Ho anche avuto tanti amici che si sono uniti a me nelle diverse tappe del mio viaggio.

Sono anche grato che a 94 anni sono ancora fisicamente e mentalmente attivo. Mi alleno ogni giorno e rimango appassionato della mia musica. Canto ogni giorno, a partire dal mattino, dando un tono di felicità per la giornata. Anche di notte, se ho problemi a dormire, canticchio una melodia tra me e me, e questo mi aiuta a sentirmi contenta e a riaddormentarmi.

Ho raccontato la mia storia al meglio della mia memoria. Spero che incoraggerà gli altri a seguire i loro cuori ea raggiungere i loro obiettivi.

Vi auguro tutta la felicità, la buona volontà e la buona musica.

Michele

LE MIE CANZONI

Stella del Mattino
Durante una funzione familiare, una delle mie nipoti è entrata con un aspetto straordinariamente gentile e bella per l'occasione. Le parole di questa canzone sono scaturite naturalmente dall'ispirazione di questa visione, come una poesia. Queste parole furono poi messe in musica.

STELLA DEL MATTINO
Tu sei cara, tu sei dolce, tu sei brava
Tu sei piena di finezza,
pronto di abbracciare il mondo,
il tuo sogno di bellezza
La stella del mattino emerga
Inluminate il tuo sorriso it tuo cuore e piena di luce
Invigoranto il tuo penziero
La pregiosa stella. Fiorisce dolcemente.
Con il suo vivo ardore.
Verso il tuo sogno di speranza
Tu sei bella, tu sei dolce,
tu sei vivida, tu sei meravigliosa
Tu sei la preziosa stella,
la stella che accente il cuore
la stella del amore, la stella di splendore
splendi giu, splendi giu, splendi giu,tu sei la stella di splendore
splendi giu, splendi giu, splendi giu,
tu sei la stella d'amore
Ecco il dovuto di amare ate
tu sei la stella di splendore ecco il
dovuto di amare
ate tu sei la stella d'amore

Sogno d'amore
Una notte, dopo qualche goccia del mio vino fatto in casa preferito, mi sono ritrovata a contemplare le molteplici sfaccettature e complessità dell'amore.

IL SOGNO D'AMORE
La more e sue dolce virtu
crea una visione molto inluminate
momenti belli e deisiderosi
un virtuoso sogno adorante
tiene e sostiene i suoi preziosi volori
dare e avere il gran dono d'amore
la specialita dell-amore espira tanta bellezza
il suo vigoroso affetto culmina i nostri penzieri

La more e il suo grande volore
gode unaffetto piena di gioia
analizando il bene profondo
donando un gran sogno d'amore

I nostri cuori si accentono
credendo al suo dono supremo
verificando il vero amore
quando dice che mi ami
il mio cuore si apre di gioia
son parole di grande dolcezza
animando con grande vigore
tutto il bene del nostro amore

Amore, amore, amore
questo e il dono del nostro amore
Amore, amore, amore
Che contiene il vero amore
Amore, amore, amore
questo e il dono del nostro amore

Il Dono della Musica
Tutti coloro che eseguono bene la musica si dedicano al compito. A chiunque abbia capacità artistiche - continua a esibirti per non perdere la tua capacità e così puoi essere tutto ciò che puoi essere.

IL DONO DELLA MUSICA
La musica e sembre gradito
adorante con grande valore
Ascoltanto suonando o cantanto
Il cuore gode di gioia
Gli artisti dedicano i lori tempi preziosi
beneficanto il gran dono supremo
Valutanto con grande dolcezza
gradire e godire tutto il suo bene
che dolcezza, che bellezza
di gradire il suo grande valore
la musica che noi amiamo
Io spero che tempi cosi noi svanira piu
tenento con noi quel valore di dolce vertu
un castello famoso di alta bellezza
manifestava una musica dolce
vivida e meravigliosa
Che dolcezza che bellezza
Fu quel virtuoso momento diserenita
La dolce musica che noi amiamo

E a me piace suonare
E mi piace anche ballare
Ma il mio cuore gode
pure cantare
le dolce canzone che noi amiamo

Abbracciare il mondo
Da giovane emigrato in Australia, ho abbracciato questa nuova vita e opportunità con grande apprezzamento ed entusiasmo. Questa canzone è stata derivata dalle mie esperienze durante questo viaggio.

ABRACCIANDO IL MONDO
Il mondo e tanto bello e ammirante
noi adoriamo la creazione e le sue bellezze
guardanto con dolcezza impressivo
godento vivmente il suo dono speciale
la trasformazione dopo alcune ore
la luna inluminante appare
circontato e decorato d tante stelle
Il mondo si accente dolcemente
donanto il suo volto adorante
che noi inmenzamente ammiriamo
amare con grande dolcezza

gradire e godire le sue bellezze
abracciando il suo dono speciale
con grante valore
questo e il mondo
del nostro amore
che noi viviamo

abracciando il mondo
sorpassando fiumi
sotto il sole e la luna inluminante
abracciando questo mondo amato con gran valore
che noi viviamo

La Dolce Musica
A Roccamontepiano, una piccola città tra le montagne italiane, ho sentito il dolce suono della musica proveniente da uno spettacolo vicino. È stato un momento così ispiratore che questo pezzo è stato scritto per celebrarlo.

LA DOLCE MUSICA
Una sera dolce e elegante
Fu un momento bello e ammirante
Un luogo di valore impressivo
Creanto il bel tempo animato
I maestri aprano il corso speciale
Ognuno di loro pronto e attentivo
Donanto annoi la dolce melodia
La musica previene piano piano
combiento in priena serenita
Lattivo avvenimento fu acclamato
sul punto di estremita
Il luogo cosi sereno e acogliento
Abbracciava il dolce avvenimento
Descrivento quel momento adorante
Toccanto ogni punto di belta
Endrando in que luogo cosi nostalgico
Vedento quel panoramico della sua belta

Questo e la Mia vita
Questa è la mia ultima canzone, scritta dopo aver prodotto il mio album, intitolato Questo e la Mia Vita.

QUESTO E LA MIA VITA
Il valoroso decreto di questa mia canzona
E segno di notare.
Il metodo di forza.
Coragio e attivita.
Seguire il valoroso metodo notevole.
Di ogni cuore benevole.
Di avanzare e gradire il dono di vita.
E segno di essere felice.
Le nostre vite sono preziosi.
E il nostro metodo deve essere prudente.
Avere segni progressivi.
E forze notabili.
Che derigono i nostri cuori.
Su ogni chiaro valore.
Questo é il mio orgoglio...
Forza. Luce. E coragio.
E segno del corso felice.

*Mio nonno Michelangelo (in piedi) e mio padre Giustino.
Foto scattata in Argentina*

Mio padre, Giustino Costantini

I genitori di mia madre, (i miei nonni) Antonio Salvatore e Concetta (nata) D'Inzi. Purtroppo non ho una fotografia di mia madre.

Mio nonno Michelangelo (indietro) e mio padre Giustino con la prima moglie Antonietta e la loro figlia Isolina. Foto scattata in Argentina.

La mia matrigna, Camilla Assunta Ricci

Foto di fidanzamento dei miei cugini, Rubano ed Elodia Di Luzio, in Italia

Mia sorella Isolina e suo marito Luigi Pirozzi

Io circa 24 anni

*Sono arrivato a Melbourne con il SAN GIORGIO
(nella foto) nel 1952.*

***

*Il SAN GIORGIO fece tre viaggi in Australia nel 1952 per la
Lloyd Triestino Line. La nave fu costruita in Italia nel 1923
come "Principessa Giovanna" e commerciò in Australia fino
al 1925 quando passò al commercio sudamericano. La nave è
stata sostanzialmente ricostruita negli anni '30 e ha prestato
servizio durante la seconda guerra mondiale prima come nave
militare italiana e poi come nave ospedale britannica (essendo
stata cat-turata nel 1944). Nel 1947 fu nuovamente restaurata
a Genova e ribattezzata "San Giorgio" e infine demolita nel
1954. Credito foto e blurb: Sydney Heritage Fleet*

Campo di Bonegilla 1954. Nessuna restrizione nota sul diritto d'autore

Betty ed io il giorno del nostro matrimonio nel 1957

*Io a Diga di Burrinjuck, provando una bici che era in vendita.
Indossando una fascia nera sul risvolto del vestito
in segno di lutto per mio padre.*

Ristrutturare la nostra casa a Narangba

Allevamento di polli

Sostituzione di una vecchia concia in lamiera ondulata sul capannone di pollo

La cugina Natuccia e il marito Franco

Rivisitando la grotta che abbiamo scavato dietro la casa durante la guerra

Natuccia ed io

La raccolta dei pomodori con Eufemia a Vacri

Mio buon amico, Earnesto

Con Lucio e Giustino al mio 70° compleanno

Io, mio fratello Antonio e mia cognata Giuseppina, a Sydney

La casa di mio padre, dove siamo cresciuti io e Antonio, ad Ari

*Io a casa di mio padre dove abitavano Natuccia e Anna.
Mio padre e mio nonno sono nati in questa casa*

La nostra comunità bene ad Ari, rilevata dai tedeschi nella guerra

La chiave della casa di Natuccia e Anna

Canto alla Northside Music School. Ho seguito 14 anni di lezioni di fisarmonica a piano, seguite da 13 anni di lezioni di canto

Una veduta aerea della nostra azienda agricola

Al lavoro in campagna

Suonare la fisarmonica a piano (fisarmonica) con Betty

Elodia ed io

Mio nipote Rocco e le nipoti Rosalinda & Eufemia 2015

Betty ed io

La mia famiglia. Tony, Betty, me stesso, Linda, Peter, Diana e Len

www.ingramcontent.com/pod-product-compliance
Lightning Source LLC
Chambersburg PA
CBHW061756290426
44109CB00030B/2870